NOUVEL ABRÉGÉ

DE

GÉOGRAPHIE.

NOUVEL ABRÉGÉ

DE

GÉOGRAPHIE

A L'USAGE DU PREMIER AGE.

Deuxième Edition.

GIEN,

IMPRIMERIE ET LIBRAIRIE DE SIROU,

RUE DU CHATEAU, N° 13.

1837.

INTRODUCTION.

Iʳᵉ LEÇON.

D. Qu'est-ce que la Géographie ?

R. La Géographie est la description de la terre : c'est ce que signifie son nom qui est formé de deux mots grecs, *gé*, terre ; et *graphô*, je décris.

D. Quelle est la forme de la terre ?

R. La terre est ronde , ou à peu près ; c'est pourquoi on la représente par un globe , ou une boule. La terre a 9,000 lieues de circonférence.

D. Quelles sont les différentes parties du globe ?

R. Ce sont la terre et les eaux.

D. Quels sont les termes que l'on emploie pour désigner les différentes parties de la terre et des eaux , suivant leur configuration ?

R. Ces termes sont : Continent, Contrée, Isle, Presqu'île, Isthme, Cap, Côte, Montagne, Glacier, Volcan , etc.

D. Quels sont ceux que l'on emploie pour désigner les eaux ?

R. Ce sont les suivans : Mer, Lac , Archipel, Détroit, Golfe, Fleuve, Rivière.

D. En combien de parties divise-t-on la géographie?

R. En trois parties; Géographie Mathématique, Physique et Politique.

D. Qu'est-ce que s'orienter ?

R. C'est reconnaître l'orient , et par conséquent les autres points cardinaux.

D. Comment s'oriente-t-on ?

R. En se tournant vers le lieu où le soleil paraît se lever; la nuit on s'oriente en se tournant vers l'étoile polaire.

IIᵉ LEÇON.

—

DÉFINITION DES TERMES RELATIFS A LA TERRE.

D. Qu'est-ce qu'un Continent?

R. C'est une vaste étendue de terre contenant plusieurs régions ou pays, qui ne sont pas séparés les uns des autres par la mer; on l'appelle aussi terre ferme.

D. Qu'est-ce qu'une Ile?

R. C'est une portion de terre entourée d'eau de tous côtés.

D. Qu'est-ce qu'une presqu'Ile ou Péninsule?

R. C'est une portion de terre environnée d'eau de tous les côtés, excepté un qui joint au Continent.

D. Qu'est-ce qu'un Isthme?

R. Une langue de terre resserrée entre deux mers, qui joint deux Continens ensemble, ou une presqu'Ile à un Continent; comme l'Isthme de Corinthe.

D. Qu'est-ce qu'un Cap ou Promontoire?

R. C'est un avancement de terre dans la mer, en pointe élevée. C'est ainsi qu'est placé le Cap de Bonne-Espérance.

D. Qu'est-ce qu'une montagne?

R. C'est une grande masse de terre ou de roche.

D. Qu'est-ce qu'un Volcan?

R. C'est une montagne qui renferme dans son sein des matières combustibles qui s'enflamment spontanément, et dont l'éruption a lieu à des époques plus ou moins rapprochées.

IIIᵉ LEÇON.

—

DÉFINITION DES TERMES RELATIFS AUX EAUX.

D. Qu'est-ce qu'une Mer?

R. C'est une vaste étendue d'eau salée où se déchargent la plupart des fleuves. On divise les Mers en intérieures et en extérieures.

D. Qu'est-ce que la Mer extérieure?

R. C'est cette grande étendue d'eau qui, sous le nom d'Océan, couvre les deux tiers du globe.

D. Qu'est-ce que la Mer intérieure?

R. C'est celle qui est entourée de terre : telles sont la mer Méditerranée, dont le nom signifie au milieu des terres; la mer Baltique, la Mer-Noire, la Mer-Rouge.

D. Qu'est-ce qu'un Archipel?

R. C'est une mer parsemée d'îles.

D. Qu'est-ce qu'un Lac ?

R. C'est une grande étendue d'eau douce qui ne communique pas visiblement avec la Mer, et qui ne tarit point.

D. Qu'est-ce qu'un Détroit?

R. Un Détroit, qu'on nomme aussi Manche, Sund, Pas, Phare, Bosphore, est un bras de mer resserré entre deux terres, qui communique d'une mer à une autre.

D. Qu'est-ce qu'un Golfe?

R. Un Golfe est une portion de mer qui s'avance dans les terres.

D. Qu'est-ce qu'un Fleuve?

R. C'est une rivière considérable qui porte son nom et ses eaux dans la mer. La droite ou la gauche d'une rivière est le côté qui est à la droite ou à la gauche d'une personne qui a le visage tourné vers son embouchure.

D. Comment nommez-vous l'endroit où un fleuve se jette dans la mer?

R. Il se nomme embouchure.

IVe LEÇON.

—

DIVISION DE LA TERRE.

D. En combien de parties divise-t-on la terre?

R. En cinq parties : l'Europe , l'Asie , l'Afrique , l'Amérique et l'Océanie.

D. Comment divise-t-on ces cinq parties de la terre?

R. En trois grands continens ; l'Europe, à l'occident ; l'Asie, à l'orient ; et l'Afrique, au sud. Le nouveau, qui n'a été découvert qu'en 1492, et qu'on nomme Amérique, est situé à l'occident de l'Europe et de l'Afrique. Le troisième continent n'a été découvert qu'au dix-septième siècle, c'est la nouvelle Hollande ; elle est située au S. E. de l'Asie.

LARGEUR.	LONGUEUR.	POPULATION.
EUROPE.		
900 lieues.	1,300 lieues.	180,000,000
ASIE.		
1,900	2,400	596,000,000
AFRIQUE.		
1,700	1,800	150,000,000
AMÉRIQUE.		
	5,000	60,000,000
OCÉANIE.		
1,100	800	10,000,000
	TOTAL	996,000,000

Vᵉ LEÇON.

—

BORNES, ÉTENDUE ET DIVISION DE L'EUROPE.

D. Pourquoi placez-vous l'Europe la première partie de la terre ?

R. Quoique elle soit la plus petite des cinq parties du monde, elle est la plus importante par sa population, son commerce, les lettres, les arts et les sciences.

D. Quelles sont les bornes de l'Europe ?

R. Elle est bornée au nord par la Mer-Glaciale ; à l'est par les monts Ourals ; à l'ouest par l'Océan atlantique, et au sud par la Méditerranée.

D. Quelle est l'étendue de l'Europe ?

R. Sa plus grande longueur, du cap Saint-Vincent, en Portugal, au détroit de Vaigatz, au nord de la Russie, est de 1,300 lieues ; et sa plus grande largeur, du cap Matapan, en Morée, au cap Nord, en Laponie, est de 900 lieues.

D. Comment se divise l'Europe ?

R. Elle se divise en quinze parties principales ; savoir : quatre au nord, qui sont, les iles Britanniques, le Danemarck, la Suède et la Russie ; sept au milieu, la France, la Suisse, les Pays-Bas, les Etats germaniques, l'empire d'Autriche, la Prusse et la Pologne ; quatre au sud, le Portugal, l'Espagne, l'Italie et la Turquie.

D. Combien y a-t-il d'empires en Europe ?

R. Trois. L'empire de Russie, capitale Saint-Petersbourg ; l'empire d'Autriche, capitale Vienne ; l'empire Ottoman, ou Turquie d'Europe, capitale Constantinople.

1 *

VIe LEÇON.

—

ROYAUMES ET RÉPUBLIQUES D'EUROPE.

D. Combien y a t-il de Royaumes en Europe?

R. Il y en a quinze, savoir : La France, capitale Paris. L'Espagne, capitale Madrid. Le Portugal, capitale Lisbonne. L'Angleterre, capitale Londres. Le Danemarck, capitale Copenhague. La Suède, capitale Stockholm. La Prusse, capitale Berlin. La Saxe, capitale Dresde. La Bavière, capitale Munich. Les Pays-Bas, qui comprennent la Hollande, capitale La Haye, et la Belgique, capitale Bruxelles. Le Wurtemberg, capitale Stuttgard. Le royaume de Naples, capitale Naples. La Sardaigne, capitale Turin; et les États de l'Église, capitale Rome.

D. Combien y a-t-il de républiques en Europe?

R. Deux : la Suisse et les îles Ioniennes.

D. N'y a-t-il pas d'autres royaumes?

R. Il y a, en outre, plusieurs principautés en Allemagne et en Italie, telles que le grand duché de Toscane, capitale Florence. Le duché de Parme. Le duché de Luc, en Italie. Le duché de Bade, de Hesse électorale; de Nassau, de Brunswick, d'Oldenbourg et de Luxembourg, en Allemagne. Les villes libres, Brême, Lubeck, Hambourg et Francfort sur le Mein.

VIIe LEÇON.

—

MERS ET GOLFES DE L'EUROPE.

D. Par combien de Mers l'Europe est-elle baignée?

R. Par trois grandes mers, qui sont : la Mer-Glaciale, au nord; l'Océan, au couchant, et la Méditerranée, au midi : et par dix petites formées des trois grandes, qui sont, la Mer-Blanche, formée par la Mer-Glaciale; la Baltique, la Mer du nord, la Manche, et la Mer d'Irlande, formées par l'Océan; la Mer Ionienne, l'Archipel, la Mer de Marmara, la Mer-Noire, et la Mer d'Azof, formées par la Méditerranée.

D. Combien y a-t-il de Golfes principaux en Europe?

R. Il y en a douze, savoir : le golfe de Bothnie, le golfe de Livonie ou de Riga, et le golfe de Finlande, formés par la Baltique; la baie de Biscaye ou le golfe de Gascogne, formée par l'Océan; le golfe de Venise ou la Mer-Adriatique, le golfe de Valence, le golfe de Lyon, le golfe de Gênes, le golfe de Tarente, le golfe de Lépante, et le golfe de Salonique ou de Thessalonique, formés par la Méditerranée; le Zuiderzée, formé par la Mer du Nord.

D. Où sont placés les principaux Golfes?

R. Le Golfe de Bothnie entre la Suède et la Russie, la baie de Biscaye entre la France et l'Espagne, le golfe de Valence à l'orient de l'Espagne, le golfe de Lyon au midi de la France, le golfe de Lépante en Grèce, et le golfe de Salonique au midi de la Turquie.

VIIIe LEÇON.

DÉTROITS DE L'EUROPE.

D. Quels sont les principaux Détroits en Europe?
R. Ce sont, le détroit de Vaigatz, au nord de la Russie; le Cattégat, entre la Suède et le Jutland; le Sund, qui sépare le Danemarck de la Suède, à l'entrée de la Mer-Baltique; le grand Belt, entre l'île de Sœland et et l'île de Fionie; le petit Belt, entre le Jutland et l'île de Fionie; le Pas-de-Calais, qui sépare l'Angleterre de la France ; le canal de Saint-Georges, qui sépare l'Angleterre de l'Irlande; le détroit de Gibraltar, entre l'Espagne et l'Afrique ; le détroit ou les bouches de Boniface, entre l'île de Corse et la Sardaigne; le phare de Messine, entre la Sicile et l'Italie; le détroit de Gallipoli, entre l'Archipel et la mer de Marmara; le détroit de Constantinople, entre la mer de Marmara et la Mer-Noire; le détroit de Jénikale ou de Caffa, entre la Mer-Noire et la Mer d'Azof.

IXᵉ LEÇON.

—

ÎLES ET PRESQU'ÎLES DE L'EUROPE.

D. Quelles sont les principales Îles dans l'Océan?

R. La Grande-Bretagne ou Angleterre; l'Irlande, l'Islande, l'île de Fero, les Orcades, les Hébrides, l'Ile-Dieu, l'île de Rhé, l'île d'Oleron, l'île de Noirmoutier, l'île d'Ouessant, Belle-Ile, et de Grouaix.

D. Quelles sont les principales Îles dans la Méditerranée?

R. La Corse, la Sardaigne, la Sicile, l'île d'Elbe, l'île de Malte, de Majorque, de Minorque et d'Ivica.

D. Quelles sont les principales Iles dans la Mer Ionienne?

R. L'île de Corfou, de Sainte-Maure, de Zante, de Négrepont, de Théaki, de Céfalonie et de Cérigo.

D. Quelles sont les principales Iles dans la Mer Baltique?

R. Les îles de Sœland, de Fionie, de Rugen et de l'Aland.

D. Combien compte-t-on de presqu'Iles en Europe?

R. On en compte huit, dont quatre grandes et quatre petites. Les quatre grandes sont, la Suède avec la Norwège, l'Espagne avec le Portugal, l'Italie et la Turquie d'Europe. Les quatre petites sont, le Jutland en Danemarck, la Bretagne en France, la Morée en Turquie, et la Crimée en Russie.

D. Quelles sont les Iles de l'Europe qui appartiennent à la France?

R. Ce sont, l'île d'Ouessant, l'île de Grouaix, Belle-Ile, l'île de Noirmoutier, l'Ile-Dieu, l'île de Ré, l'île d'Oleron, les îles d'Hyères et l'île de Corse, capitale Ajaccio.

Xe LEÇON.

CAPS, ISTHMES ET LACS DE L'EUROPE.

D. Quels sont les principaux Caps de l'Europe ?

R. Le cap Nord en Laponie, le cap Naze ou l'Indnesse au sud de la Norwége, le cap Cléar au sud de l'Irlande, le cap Lisard au sud de l'Angleterre, le cap de La Hogue en France, dans la Manche ; les caps Ortégal et Finistère en Espagne, les caps Saint-Vincent et Trafalgar en Portugal, le cap Martin à l'est de l'Espagne, le cap Corse, le cap Passaro en Sicile, le cap Spartivento au midi de l'Italie, et le cap Matapan en Morée.

D. Quels sont les Isthmes principaux de l'Europe ?

R. Ce sont l'isthme de Corinthe, qui joint la Morée à la Turquie ; et l'isthme de Pérecop, qui joint la Crimée à la Russie.

D. Quels sont les principaux Lacs de l'Europe ?

R. Ce sont, en Suède, les lacs Wéner, Méler ; en Russie, les lacs Saïma, Onéga, Ladoga, Peipus, Ilmen et le lac Blanc ; en Suisse, les lacs de Neuchâtel, de Genève, de Lucerne, de Zurich ; en Allemagne, le lac de Constance ; et en Hongrie, le lac Balaton ; en Italie, le lac Majeur, le lac Côme, de Pérouse, de Bolséna et de Comachio ; en Turquie, le lac de Zante ou de Scutari.

XIe LEÇON.

—

MONTAGNES ET VOLCANS DE L'EUROPE.

Nommez les grandes chaînes de Montagnes d'Europe.

Les monts Ophrines ou de Kolen, entre la Suède et la Norwège ; les Pyrénées, entre la France et l'Espagne ; les Alpes, entre la France et l'Italie ; les Appenins, qui traversent l'Italie ; les monts Crapacks, entre la Hongrie et la Pologne ; les monts Castagnac ou l'Hémus, en Turquie ; et le mont Caucase, qui s'étend depuis la Mer-Noire jusqu'à la mer Caspienne.

D. Quels sont les monts qui se font remarquer dans ces chaînes de montagnes ?

R. Le mont Perdu et le mont Maudit, dans les Pyrénées ; le Simplon, le mont Rose, le Saint-Gothard, le Saint-Bernard, le Mont-Blanc, le mont Viso, le mont Cénis, dans les Alpes ; et le mont Gargano, dans les Appennins.

Nommez les petites chaînes de montagnes de l'Europe ?

Les monts Cheviots, en Angleterre ; les Vosges, les Cevennes, le Jura, le Cantal, en France ; les Asturies, les Estramadures, et la Siera-Morena en Espagne.

D. Combien y a-t-il de Volcans en Europe ?

R. Il y en a trois, le mont Etna ou Gibel, en Sicile ; le mont Vésuve, près de Naples ; le mont Hécla en Islande et le volcan de Saint-Ferdinand. Le 10 juillet 1831, Corrao, capitaine de bâtiment, vit paraître une nouvelle île volcanique dans la Méditerranée, près de la Sicile, sous le 37° 6 ' de latitude et 10° 26 ' de longitude Est du méridien de Paris. Ce nouveau volcan appartient à la Sicile ; il est élevé de douze pieds au-dessus de la mer.

XIIᵉ LEÇON.

—

FLEUVES DE L'EUROPE.

NOMS DES FLEUVES.	LIEUX où ils prennent leur source.	LIEUX où ils portent leurs eaux.
La Loire.	Dans l'Ardèche.	Dans l'Océan.
Le Rhône.	En Suisse, au mont Furca.	Méditerranée.
La Seine.	En Bourgogne.	La Manche.
La Garonne.	Au val d'Agan, aux Pyrénées.	L'Océan.
Le Tage.	En nouv. Castille.	Océan Atlantiq
Le Guadalquivir.	Siera-Sigura (Esp.)	*Idem.*
L'Èbre.	Aux Asturies.	Méditerranée.
Le Rhin.	Au m St-Gothard.	Mer du Nord.
Le Danube.	Dans la Forêt Noire.	Mer Noire.
Le Don.	A Toula, en Russie.	Mer d'Azof.
Le Volga.	En Russie, en Lithuanie.	Mer Caspienne
Le Dniéper.	En Russie.	Mer Noire.
L'Oural.	Aux monts Ourals.	Mer Caspienne
Le Tibre.	Dans les Appennins.	Méditerranée.
Le Pô.	Près le mont Viso.	Golfe de Venise
La Meuse.	Dans la Hᵗᵉ-Marne.	Mer du Nord.
Le Tay.	En Angleterre.	*Idem.*
La Vistule.	En Galicie, aux monts Crapacks.	Mer Baltique.
La Tamise.	En Angleterre	Mer du Nord.

XIIIᵉ LEÇON.

DIVISION DES CONTRÉES DE L'EUROPE, AU NORD.

ANGLETERRE.

D. Comment divise-t-on les îles Britanniques?

R. En quatre parties, qui sont : l'Angleterre, capitale Londres; population, 1,263,600 habitans. Les autres villes principales sont Bristol, York, Cantorbéry, Oxfort, Cambridge, Liverpool et Douvres.

2° L'Ecosse, capitale Edimbourg; population 140,000 habitans; villes principales, Glascow et Dundée.

3° L'Irlande, capitale Dublin; population, 263,000 habitans, la seconde ville des îles Britanniques. Villes principales, Cork, Limérick et Vaterfort.

4° Plusieurs petites îles.

D. Quelles sont les îles principales?

R. Les îles principales sont les Orcades, les Hébrides, l'île de Man, d'Anglesey, de Schetland.

D. Quelles sont les autres possessions de l'Angleterre?

R. Le royaume de Hanovre, Gibraltar, l'île de Malte, l'île Sainte-Hélène, le Canada, plusieurs établissemens dans les Indes et aux Antilles.

D. Quelle est la population de l'Angleterre?

R. Sa population propre est de 21 millions d'habitans; mais si on y joint celle de ses populations lointaines, elle s'élèvera à 64 millions.

D. Quelles en sont les productions?

R. Les principales sont graines, cidre, bierre, pâturages abondans; commerce considérable de bœufs, de chevaux, de fromages de Chester, etc.; riches mines de charbon de terre et d'étain. L'atmosphère y est chargée de brouillards.

2

XIVe LEÇON.

DANEMARK.

D. Comment divise-t-on le Danemark ?

R. Le Danemark se divise en parties continentales et en îles.

D. Quelles sont les parties continentales ?

R. 1° Le Jutland, capitale Viborg ; 2° le Holstein : villes principales, Kiel et Altona ; 3° le Saxe-Lauenbourg, capitale Saxe-Lauenbourg.

D. Quelles sont les îles du Danemarck ?

R. Les îles du Danemarck sont l'île de Seeland, capitale Copenhague, qui est la capitale de tout le royaume. L'Islande, capitale Skalholt ; et l'île de Fionie, capitale Odensée.

D. quelle est la population du Danemark ?

R. 1,721,250 d'habitans.

D. quelle est la population de la Capitale ?

R. 101 mille habitans. Sa latitude est depuis le 54° jusqu'au 56° 50 ', et sa longitude orientale 8° 31 '.

D. quels en sont les productions ?

D. Les principales sont, froment et autre grains, lin, chanvre, houblon, miel, beaux pâturages ; chevaux estimés, bœufs en quantité. En Islande, fourrures, édredon, baleines, harengs, chiens de mer, etc. L'Islande est couverte de montagnes volcaniques ; de son sol glacé il sort un grand nombre de sources chaudes. La plus forte de ces sources est celle de Geyser qui forme une colonne d'eau qui s'élève à 92 pieds. Le Danemark et l'Islande exportent beaucoup d'édredon.

XV LEÇON.

—

SUÈDE ET NORWÉGE.

D. Comment divise-t-on la Suède ?

R. En trois parties principales, qui sont : 1° la Suède, capitale Stockholm; 2° la Norwège, capitale Christiania; 3° plusieurs petites îles.

Nommez les principales provinces de la Suède.

La Suède propre, capitale Stockholm ; la Gothie, capitale Gothenbourg ; le Vestmorland, capitale Galfe ; la Bothnie occidentale, capitale Tornea ; et la Laponie suédoise qui est un peu habitée.

D. Quelles sont les principales villes de la Suède ?

R. Upsal, Falun, Gothenborg, Carlscrone, Calmar.

D. Quelles sont les principales villes de la Norwège ?

R. Christiania, Christiansand, Drontheim, et Berghen.

Dites quelle est la population de la Suède.

Quatre millions d'habitans.

Dites celle de la Capitale.

Quatre-vingt mille habitans.

D. Quelles sont les principales montagnes de la Suède ?

R. Les principales montagnes sont les monts Ophrines ou de Kolen, ou Alpes scandinaves.

D. Quels sont les principaux fleuves ?

R. Ce sont la Gotha, l'Huméa et la Tornea.

Sa latitude est depuis le 55ᵉ degré 15 ' jusqu'au 71ᵉ, et sa longitude orientale 1 ° 5 ¹

D. Quelles sont les productions de la Suède et de la Norwège ?

R. En général, en Norwège, le climat est froid, un peu fertile vers le midi ; le pays est hérissé de montagnes couvertes de pins qui fournissent des mats à presque toute l'Europe. La Suède est couverte de lacs et d'un grand nombre de rivières. Il y a plusieurs mines de fer.

XVIe LEÇON.

—

RUSSIE.

D. Comment divise-t-on la Russie ?
R. En quatre parties : celle du nord, celle du milieu.
et les îles.
D. Quelle est la capitale de toute la Russie ?
Saint-Pétersbourg : sa population est de 400,000 ha-
bitans.
*D. Quelles sont les principales villes de la Russie ,
au Nord ?*
R. Arkhangel, Wibourg, Abo, Revel, Riga.
*D. Quelles sont les principales villes de la Russie,
au milieu ?*
R. Moscou, Toula, Grodno, Mittau.
*D. Quelles sont les principales villes de la Russie, au
midi ?*
R. Veronez, Poltava, Odessa, Astracan, Pérékop.
D. Quelle est la population de toute la Russie ?
R. La population de la Russie est de 50,000,000 d'ha-
bitans.
D. Quelles sont les montagnes de la Russie ?
R. Les monts Ourals et les monts Poyas.
D. Quels sont les principaux fleuves de Russie ?
R. Le Volga, le Don, le Daiéper, la Duvina, la Duna,
la Moscouva. Sa latitude est depuis le 45e degré jusqu'au
70e, et sa longitude orientale, 20 degrés.
D. Quelles sont les productions de la Russie ?
R. Les productions de la Russie sont variées comme
sa température ; le nord produit, jusque sous le soixan-
tième degré, l'orge, le seigle et l'avoine ; le centre produit du lin et du chanvre, etc. ; et le midi tous les fruits
des climats tempérés : mines d'or, de cuivre et de fer.

XVIIe LEÇON.

DIVISION DES CONTRÉES DE L'EUROPE, AU MILIEU.

—

FRANCE.

D. Qu'est-ce que la France ?

R. C'est un des plus vastes, des plus riches et des plus anciens pays de l'Europe. L'air y est pur et tempéré, et le sol en est très-fertile. Sa population est de 52 millions d'habitans.

D. Quelles sont les limites de la France ?

R. La France est bornée au levant par les Alpes, le Jura et le Rhin; au nord par les Pays-Bas, au couchant par l'Océan, et au midi par les Pyrénées et la mer Méditerranée.

D. Quels sont les principaux fleuves de la France ?

R. La Seine, la Loire, la Garonne, qui se jettent dans l'Océan ; et le Rhône qui se jette dans la Méditerranée.

D. Quelles sont ensuite les principales rivières ?

R. Ce sont la Somme, la Meuse, la Marne, la Moselle, la Vienne, la Saône, la Durance, l'Aveyron, le Lot, et la Dordogne.

D. Quelles sont les plus hautes montagnes de la France?

R. Les Alpes, qui la séparent de la Suisse ; les Pyrénées, qui la séparent de l'Espagne; le Cantal, le Jura, les Vosges, qui donnent leurs noms à plusieurs départemens.

D. Quelle est la religion dominante?

R. La religion catholique ; mais l'exercice des autres cultes est permis.

D. Quelles sont les productions de la France?

R. La France produit tout ce qui est nécessaire et agréable à la vie; elle trouve dans le midi tout ce que produisent l'Italie et l'Espagne ; et le nord lui fournit les productions de l'Allemagne et des Pays-Bas.

XVIIIe LEÇON.

—

ANCIENNE DIVISION DE LA FRANCE.

D. Comment la France était-elle divisée avant 1789?

R. La France était divisée en trente-deux provinces.

D. Quelles étaient les provinces du circuit au nord?

R. La Normandie, capitale Rouen; la Picardie, capitale Amiens; l'Artois, capitale Arras; la Flandre, capitale Lille; l'île de France, capitale Paris; la Champagne, capitale Troyes; la Lorraine, capitale Nancy; l'Alsace, capitale Strasbourg.

D. Quelles étaient les provinces du centre?

R. La Bretagne, capitale Rennes; le Maine, capitale le Mans; l'Anjou, capitale Angers; la Tourraine, capitale Tours; l'Orléanais, capitale Orléans; le Berry, capitale Bourges; le Nivernais, capitale Nevers; la Bourgogne, capitale Dijon; la Franche-Comté, capitale Besançon; le Poitou, capitale Poitiers; l'Aunis, capitale La Rochelle; La Marche, capitale Guéret; le Bourbonnais, capitale Moulins.

Nommez les provinces du midi.

La Saintonge, capitale Saintes; l'Angoumois, capitale Angoulême; le Limousin, capitale Limoges; l'Auvergne, capitale Clermont; le Lyonnais, capitale Lyon; le Dauphiné, capitale Grenoble; la Guyenne ou la Gascogne, capitale Bordeaux; le Béarn et la Navarre, capitale Pau; le comté de Foix, capitale Foix; le Roussillon, capitale Perpignan; le Languedoc, capitale Toulouse; la Provence, capitale Aix.

XIXᵉ LEÇON.

—

NOUVELLE DIVISION DE LA FRANCE.

D. Comment la France est-elle divisée actuellement?
R. La France est divisée en quatrevingt-six départemens.

D. Quels sont les cinq départemens dont les chef-lieux sont dans l'ancienne Normandie?
R. Les départemens de la Seine-Inférieure, chef-lieu Rouen; villes principales Le Hâvre et Dieppe, ports de mer, Yvetot et Neuchatel : de l'Eure, chef-lieu Évreux; villes principales Pont-Audemer, Louviers, les Andelys et Bernay : du Calvados, chef-lieu Caen; villes principales Bayeux, Pont-l'Évêque, Falaise, Lisieux et Vire: de La Manche, chef-lieu Saint-Lô; villes principales, Coutance, Valogne, Cherbourg port de mer, Mortain et Avranches : et de l'Orne, chef-lieu Alençon; villes principales Domfront, Argentan et Mortagne.

Nommez le département dont le chef-lieu est dans l'ancienne Picardie.
Le département de la Somme, chef-lieu Amiens; villes principales Abbeville, Péronne, Doulens et Mondidier.

D. Quelles sont les productions de la Normandie?
R. Récolte abondante en céréales, chanvre, lin, sarasin, houblon, cidre en quantité; gras pâturages, excellent beurre; canards de Rouen, poules de Caux; chevaux de haute taille; moutons de Présalé, de Dieppe, et nombreuses manufactures de cotonnades.

D. Quelles sont les productions de la Picardie?
R. Beaucoup de grains et de légumes, plantes oléagineuses, houblon, lin, cidre, peu de vin et fort mauvais, beaucoup de bestiaux et de gibier; poissons de mer et d'eau douce. On vante surtout les carottes et navets de Ginchy.

XXe LEÇON.

—

Indiquez le département dont le chef-lieu se trouve dans l'ancien Artois.

Le département du Pas-de-Calais, chef-lieu Arras, villes principales, Boulogne port de mer, Saint-Omer, Montreuil, Béthune, Saint-Pol, Calais port de mer.

D. Quel est le département dont le chef-lieu est dans l'ancienne Flandre française?

R. C'est le département du Nord dont le chef-lieu est Lille; villes principales Douai, Cambrai, Dunkerque port de mer, Avesnes, Hazebrouck et Valenciennes.

Indiquez les quatre départemens dont les chef-lieux sont dans l'ancienne Lorraine.

Ce sont les départemens de la Meurthe, chef-lieu Nancy; villes principales Toul, Château-Salins, Sarrebourg et Lunéville : des Vosges, chef-lieu Epinal; villes principales Neuchâteau, Remiremont, Mirecourt et Saint-Dié : de la Meuse, chef-lieu Bar-le-Duc, Bar-sur-Ornain; villes principales Verdun, Mont-Médy et Commercy : de la Moselle, chef-lieu Metz; ville principales Briey, Thionville et Sarguemines.

Les productions de la Flandre et de l'Artois sont à-peu-près les mêmes, elles consistent en colza, grains en abondance, beurre excellent ; tabac, marbres, mines de charbon de terre, près Valenciennes.

D. Quelles sont les productions de la Lorraine ?

R. Les principales sont grains en abondance, légumes, fruits, vignes; forêts; pierres de taille; sel; manufacture de faïence, de porcelaine et de verre.

XXIᵉ LEÇON.

—

D. Quels sont les deux départemens dont les chef-lieux sont dans l'ancienne Alsace?

R. Ce sont les départemens du Bas-Rhin, chef-lieu Strasbourg; villes principales Weissembourg, Saverne et Schélestadt : et du Haut-Rhin, chef-lieu Colmar; villes principales Altkirch, Belfort et Delemont.

Nommez les trois départemens dont les chef-lieux sont dans l'ancienne Franche-Comté.

Ces départemens sont, du Doubs, chef-lieu Besançon; villes principales Beaume, Saint-Hippolite et Pontarlier : de la Haute-Saône, chef-lieu Vesoul; villes principales Gray et Lure : du Jura, chef-lieu Lons-le-Saulnier ; villes principales Dôle, Saint-Claude et Poligny.

Indiquez les quatre départemens dont les chef-lieux sont dans l'ancienne Bourgogne.

Les départemens de la Côte-d'Or, chef-lieu Dijon ; villes principales Châtillon, Sémur et Beaune : de l'Yonne, chef-lieu Auxerre; villes principales Sens, Tonnerre, Joigny et Avallon : de Saône-et-Loire, chef-lieu Mâcon; villes principales Autun, Châlons-sur-Saône, Charolles et Louhans : de l'Ain, chef-lieu Bourg; villes principales Nantua, Belley et Trévoux.

D. Quelles sont les principales productions de la Côte-d'Or?

R. Vins excellens, les plus renommés sont ceux du clos Vougeot et de Beaune ; fruits en abondance; bœufs gras du Morvan; mérinos; mines de fer, de marbre et de porphyre, pierres meulières; rivières navigables, la Saône, la Seine, la Vingeanne, la Beze et l'Aube. C'est la patrie de Bossuet, Crébillon, Piron, Buffon, Jean-sans-Peur, et de Philippe-le-Bon, etc.

La Comté produit vins en abondance, fromages de Gruyère; fabriques d'horlogerie; mines de fer, etc.

XXIIe LEÇON.

—

D. Quels sont les deux départemens dont les chef-lieux sont dans l'ancien Lyonnais?

R. Ce sont les départemens du Rhône, chef-lieu Lyon; ville principale Villefranche : de la Loire, chef-lieu Montbrison; villes principales Roanne et Saint-Etienne.

Nommez les trois départemens dont les chef-lieux sont dans l'ancien Dauphiné.

Les départemens de l'Isère, chef-lieu Grenoble; villes principales Vienne, Saint-Marcellin et Latour-Dupin : de la Drôme, chef-lieu Valence; villes principales Dié, Nions et Montélimart : des Hautes-Alpes, chef-lieu Gap; villes principales Briançon et Embrun.

D. Quel est le département dont le chef-lieu est dans l'ancienne Saintonge?

R. C'est le département de la Charente-Inférieure dont le chef-lieu est La Rochelle, port de mer; villes principales Saintes, Rochefort, port de mer, Saint-Jean-d'Angély, Jonsac et Marennes.

Indiquez le département dont le chef-lieu est dans l'ancien Angoumois.

Le département de la Charente dont le chef-lieu est Angoulême; villes principales Ruffec, Confolens, Barbézieux et Cognac.

Les principales productions du Lyonnais sont vins, dont les plus recherchés sont ceux de Condrieux; fruits; chaux, pierres à bâtir, et mines considérables de cuivre.

Les productions de l'Isère sont grains, fruits, chanvre, soie, acier de Rive; ratafiat de Grenoble.

Les productions de la Charente sont vins en abondance; truffes; grains, fruits; papier d'Angoulême; eau-de-vie de Cognac, etc.

XXIIIe LEÇON.

—

Indiquez les neuf départemens dont les chef-lieux sont dans l'ancienne Guyenne.

Ce sont les départemens de la Gironde, chef-lieu Bordeaux, port de mer; villes principales Blaie, Libourne, La Réole, Bazas et Lespare : de la Dordogne, chef-lieu Périgueux; villes principales Nontron, Sarlat, Bergerac et Riberac : du Lot-et-Garonne, chef-lieu Agen; villes principales Marmande, Nérac et Villeneuve-d'Agen : du Lot, chef-lieu Cahors; villes principales Figeac et Gourdon : de l'Aveyron, chef-lieu Rhodez ; villes principales Espaliou, Milhau, Sainte-Afrique et Villefranche : de Tarn-et-Garonne, chef-lieu Montauban; villes principales Moissac et Castel-Sarrasin : des Landes, chef-lieu Mont-de-Marsan; villes principales Saint-Sever et Dax : du Gers, chef-lieu Auch; villes principales Comdom, Lectoure, Lombez et Mirande : des Hautes-Pyrénées, chef-lieu Tarbes; villes principales Bagnères et Argellès.

Nommez les principales productions de la Gironde.

Elles consistent en vins abondans et très-recherchés, entre autres les rouges de La Fitte, et les blancs de Sauterne et Langon; récolte de thérébentine ; fruits, légumes, arbres à liége, excellentes pierres à bâtir : patrie de saint Paulin, évêque de Nole, d'Ausone et de Montesquieu.

XXIVe LEÇON.

—

Nommez les trois départemens dont les chef-lieux sont dans l'ancien Poitou.

Ce sont les départemens de la Vienne, chef-lieu Poitiers; villes principales Loudun, Montmorillon, Chatellerault et Civray : des Deux-Sèvres, chef-lieu Niort; villes principales Touard, Melle, Partenay et Bressuire : de la Vendée, chef-lieu Bourbon-Vendée; villes principales Fontenay-le-Comte et les Sables d'Olonnes, port de mer.

D. Quels sont les cinq départemens dont les chef-lieux sont dans l'ancienne Bretagne?

R. Ce sont les départemens d'Ille-et-Vilaine, chef-lieu Rennes; villes principales Saint-Malo, port de mer, Fougères, Vitré, Rédom et Montfort-la-Canne : de la Loire-Inférieure, chef-lieu Nantes, port de mer; villes principales Savenay, Châteaubriand, Ancenis, Paimbœuf et le Croisic, port de mer : du Morbihan, chef-lieu Vannes; villes principales Ploërmel, Pontivy, l'Orient et Port-Louis, ports de mer : du Finistère, chef-lieu Quimper; villes principales Brest et Morlaix, ports de mer, Châteaulin et Quimperlé : des Côtes-du-Nord, chef-lieu Saint-Brieux; villes principales Lannion, Dinan, Loudeac et Guingamp.

Les productions du Poitou sont beaucoup de vins, excellentes truffes, et châtaigners de Civray; moutons estimés, mules, chèvres, pierres meulières.

Les productions de la Bretagne sont chanvre, lin; beurre estimé de la Prévalais; huîtres excellentes de Cancale; mines de fer, de charbon; pierres d'aimant, à l'embouchure de la Loire; excellentes confitures d'Angélique de Châteaubriand.

XXV⁰ LEÇON.

—

D. Quels sont les départemens dont les chef-lieux sont dans l'ancienne Provence ?

R. Les départemens des Basses-Alpes, chef-lieu Dignes ; villes principales Barcellonette, Castellane, Sisteron et Forcalquier : du Var, chef-lieu Draguignan ; villes principales Toulon, port de mer, Brignolles, Grasse et Fréjus : des Bouches-du-Rhône, chef-lieu Marseille ; villes principales Aix, Tarascon et Arles.

Nommez les huit départemens dont les chef-lieux sont dans l'ancien Languedoc.

Ces départemens sont : la Haute-Garonne, chef-lieu Toulouse ; villes principales Villefranche, Muret et Saint-Gaudens : du Tarn, chef-lieu Alby ; villes principales Castres, Lavaur et Gaillac : de l'Aude, chef-lieu Carcassonne ; villes principales Narbonne, Castelnaudary et Limoux : de l'Hérault, chef-lieu Montpellier ; villes principales Lodève, Beziers, Saint-Pons et Cette, port de mer : du Gard, chef-lieu Nimes ; villes principales Alais, Uzèz et Le Vigan : de la Lozère, chef-lieu Mende ; villes principales Marjevols et Florac : de la Haute-Loire, chef-lieu Le Puy ; villes principales Brioude et Yssengeaux : de l'Ardèche, chef-lieu Privas ; villes principales Tourgon, l'Argentière et Annonay.

Les principales productions de la Provence et du Languedoc consistent en vins exquis, les plus recherchés sont ceux de Cassis et Ciotat ; figues, amandes, jujube ; oliviers, mûriers, figuiers presque toujours verts ; vers à soie ; vert-de-gris ; marais salans ; manufacture de drap, à Marseille ; pêche du thon, de l'anchois, des sardines, et du corail ; excellente huile d'olives d'Aix, savon de Marseille, eau-de-vie renommée d'Armagnac, vins exquis de Saint-Gille. Foire de Beaucaire, la plus considérable de l'Europe.

XXVIe LEÇON.

—

Indiquez le département dont le chef-lieu est dans l'ancien Roussillon.

Le département des Pyrénées-Orientales, chef-lieu Perpignan; villes principales Ceret et Prades.

D. Quel est le département dont le chef-lieu est dans l'ancien comté de Foix ?

R. C'est le département de l'Arriége, chef-lieu Foix; villes principales Pamiers et Saint-Girons.

Nommez le département qui est dans l'ancien Béarn.

Le département des Basses-Pyrénées, chef-lieu Pau; villes principales Bayonne, port de mer, Oleron, Orthez et Mauléon.

D. Quel est le département dans le comtat d'Avignon?

R. C'est le département de Vaucluse, chef-lieu Avignon; villes principales Orange, Carpentras et Apt.

Les productions du Roussillon sont vins, liqueurs; grenadiers, citroniers, mûriers; liége; vers à soie; miel en abondance; mine de fer; et excellens moutons.

Le département de l'Arriége produit vins, fruits, grains, paturages; mulets; mines de fer et carrières de marbre.

Le Béarn produit fruits, vins; noix de Galles; mulets; porcs; beaucoup d'ortolans; sel blanc; jambons de Bayonne très-estimés. C'est à Bayonne que fut inventée l'arme appelée baïonnette.

Le département de Vaucluse produit vins excellens; abeilles, vers à soie; excellens poissons; pierres de taille, de jaspe; et terre à poterie.

XXVIIe LEÇON.

—

Indiquez les cinq départemens dont les chef-lieux sont dans l'ancienne île de France.

Les départemens de la Seine, chef-lieu Paris; sous-préfectures Saint-Denis et Sceaux : de Seine-et-Oise, chef-lieu Versailles; villes principales Mantes, Corbeil, Pontoise, Etampes et Rambouillet : de Seine-et-Marne, chef-lieu Melun; villes principales Meaux, Fontainebleau, Coulommiers et Provins : de l'Aisne, chef lieu Laon; villes principales Soissons, Château-Thierry, Saint-Quentin et Vervins : de l'Oise, chef-lieu Beauvais; villes principales Clermont, Compiégne, Senlis.

Nommez les trois départemens qui ont leurs chef-lieux dans l'ancien Orléanais.

Les départemens du Loiret, chef-lieu Orléans : villes principales Pithiviers, Montargis et Gien : de Loir-et-Cher, chef-lieu Blois; villes principales Vendôme et Romorantin : d'Eure-et-Loir, chef-lieu Chartres; villes principales Nogent-le-Rotrou, Châteaudun et Dreux.

Nommez le département dont le chef-lieu est dans l'ancien Anjou.

C'est le département de Maine-et-Loire, chef-lieu Angers; villes principales Segré, Beaujé, Saumur et Beaupréau.

Les productions de l'Orléanais sont grains en abondance; pâturages; fruits excellens; safran; miel estimé; vins; beaucoup de forêts; mérinos; bons poissons. On vante surtout les pâtés d'alouettes et gâteaux aux amandes, de Pithiviers.

Les productions de l'Ile-de-France (entre Marne et Oise) sont grains, vins médiocres, cidre; pierre meulière; fromage de Meaux dit de Brie; Roses de Provins; chasselas de Fontainebleau; carrières de pierre; plâtre à Montmartre, près Paris.

XXVIIIe LEÇON.

—

D. Quels sont les deux départemens dont les chef-lieux sont dans l'ancien Maine ?

R. Les départemens de la Sarthe, chef-lieu le Mans; villes principales Mamers, Saint-Calais et La Flèche : de la Mayenne, chef-lieu Laval; villes principales Mayenne et Château-Gonthier.

Indiquez les quatre départemens qui ont leur chef-lieu dans l'ancienne Champagne.

Les départemens de l'Aube, chef-lieu Troyes; villes principales Arcis-sur-Aube, Nogent-sur-Seine, Bar-sur-Seine, Bar-sur-Aube : de la Haute-Marne, chef-lieu Chaumont; villes principales Vassy et Langres : de la Marne, chef-lieu Châlons; villes principales Reims, Sainte-Menehould, Vitry-le-Français et Epernay : des Ardennes, chef-lieu Mézières; villes principales Rocroy, Rethel, Sedan, Vouziers et Charleville.

D. Quel est le département dont le chef-lieu est dans l'ancien Nivernais ?

R. C'est le département de la Nièvre, chef-lieu Nevers ; villes principales Cosne, Clamecy et Château-Chinon.

Les principales productions de la Champagne sont vins, fruits; grains ; noix; forêts; coutellerie de Langres; drap de Sedan, bonneterie de Troyes : on vante surtout les biscuits et les pains d'épices de Reims; patrie de Colbert, de Turenne, etc.

Les productions du Nivernais consistent en grains; vins ; chanvre; beaucoup de chevaux ; mines de fer, de plomb; ocre jaune.

XXIXᵉ LEÇON.

—

Nommez le département dont le chef-lieu est dans l'ancien Bourbonnais.

Le département de l'Allier, chef-lieu Moulins ; villes principales Mont-Luçon , Gannat et La Palice.

Indiquez les deux départemens dont les chef-lieux sont dans l'ancienne Auvergne.

Les départemens du Puy-de-Dôme , chef-lieu Clermont-Ferrand ; villes principales Riom , Thiers , Ambert et Issoire : du-Cantal , chef-lieu Aurillac ; villes principales Saint-Flour , Mauriac et Murat.

D. *Quels sont les deux départemens dont les chef-lieux sont dans l'ancien Limosin ?*

R. Ce sont les départemens de la Corrèze , chef-lieu Tulle ; villes principales Ussel et Brives : de la Haute-Vienne , chef-lieu Limoges ; villes principales Bellac , Rochechouart et Saint-Yrieix.

Nommez le département dont le chef-lieu est dans l'ancienne Marche.

Le département de la Creuse , chef-lieu Guéret ; villes principales Boussac , Bourganeuf et Ambusson.

Les productions du Bourbonnais sont froment , fruits , pâturages ; bestiaux , porcs ; beaucoup d'étangs.

Les productions de l'Auvergne , pâturages abondans , vins ; forêts ; fruits , légumes ; chanvre ; mine de plomb ; carrière de Volvic ; mulets estimés , nombreuses papeteries : on vante surtout le fromage de Saint-Nectaire , et les confitures de Clermont.

Les productions du Limosin sont seigle , sarrasin , excellens foins ; châtaignes ; mulets ; bœufs ; et pommes de terre.

XXXe LEÇON.

—

Indiquez les deux départemens dont les chef-lieux sont dans l'ancien Berry.

Les départemens du Cher, chef-lieu Bourges; villes principales Sancerre et Saint-Amand : de l'Indre, chef-lieu Châteauroux; villes principales Issoudun, La Châtre et Le Blanc.

D. Quel est le département dont le chef-lieu est dans l'ancienne Tourraine?

R. C'est le département d'Indre-et-Loire, chef-lieu Tours; villes principales Loches et Chinon.

Nommez le département dans l'île de Corse.

C'est celui de la Corse, chef-lieu Ajaccio; villes principales Bastia, Corté et Calvi.

D. Quelles sont les principales colonies françaises?

R. La France possède, en Amérique, la Guyanne, Cayenne, l'île de la Martinique, la Guadeloupe, la Désirade, etc.

D. Quelles sont les possessions de la France, en Asie?

R. La France possède, en Asie, Pondichéri, sur la côte de Coromandel, et quelques établissemens sur la côte de Malabar, Chandernagor et Carical.

D. Quelles sont les possessions de la France, en Afrique?

R. La France possède, en Afrique, l'île Bourbon, quelques établissemens dans la Sénégambie sur les côtes de Guinée; l'île de Corée, et le royaume d'Alger.

XXXIe LEÇON.

—

D. Que comprend le royaume des Pays-bas ?
R. Il comprend la Belgique et la Hollande.
D. Quelle est la capitale de la Belgique ?
R. La capitale de la Belgique est Bruxelles.
D. Quelles sont les principales provinces de la Bel-gique ?
R. La Flandre, le Hainault, le Brabant, etc.
D. Quelles sont les villes principales ?
R. Liége, Namur, Anvers, Mons, Tournay, Bru-ges, Gand. -
D. Quelle est la capitale de la Hollande ?
R. La capitale de la Hollande est La Haye.
D. Quelles sont les principales provinces ?
R. La Frise et la province d'Utrecht.
D. Quelles sont les villes principales ?
R. La Haye, Amsterdam, Roterdam, Harlem.
D. Quelle est la population des Pays-Bas ?
R. La population est de 5,562,000 habitans.
D. Quelle est la population de la capitale ?
R. La population de Bruxelles est de 80,000 habitans.
D. Quels sont les fleuves principaux ?
R. Le Rhin, la Meuse, l'Escaut, la Lys et la Sambre.
Sa latitude est depuis le 50° 50', sa longitude 0°, 10', 4".

XXXIIe LEÇON.

—

EMPIRE D'AUTRICHE.

D. Comment divise-t-on l'empire d'Autriche?

R. En deux parties, qui sont les états compris dans la confédération Germanique, et ceux qui n'en font pas partie.

D. Quelles sont les provinces qui font partie de la confédération?

R. 1° l'Autriche proprement dite, capitale Vienne; population 270,000 habitans. 2° L'Astyrie, capitale Gratz; la Bohème, capitale Prague; le Tyrol, capitale Inspruck, et Trente; l'Illyrie, capitale Laybach et Trieste.

D. Quelles sont les provinces qui ne font pas partie de la Confédération?

R. La Gallicie, capitale Lemberg; la Hongrie, capitale Bude, et Presbourg; la Dalmatie, capitale Zara, et Raguse; la Silésie, capitale Troppau; la Transilvanie, capitale Hermanstadt; le royaume Lombard Vénitien, capitale Milan et Venise. Les villes principales sont: Vérone, Vicence, Pavie, Padoux, Mantoue, Trévise, Bellune, Bergame.

D. Quelle est la population de l'Empire d'Autriche?

R. La population est de 30,000,000 d'habitans.

D. Quelles sont les principales Montagnes d'Autriche?

R. Les monts Crapacks.

D. Quels sont les principaux fleuves?

R. Le Danube, la Drave, la Save, l'Adige.

XXXIIIe LEÇON.

PRUSSE ET POLOGNE.

PRUSSE.

D. Comment divise-t-on la Prusse?

R. En deux parties, les provinces qui font partie de la Confédération Germanique, et celles qui n'en font pas partie.

D. Quelles sont les provinces qui font partie de la Confédération?

R. Le Brandebourg, capitale Berlin, capitale de tout le royaume. La Poméranie, capitale Stettin. Le duché du Bas-Rhin. Villes principales Munster, Dusseldorff, Clèves, Cologne, Aix-la-Chapelle, et le duché de Saxe, capitale Magdebourg.

Nommez les provinces qui ne sont pas de la Confédération.

R. La Prusse ducale, capitale Kœnisberg; la Prusse occidentale, capitale Dantzick; le duché de Posen, capitale Posen, et Thorn, patrie de l'astronome Copernic.

D. Quels sont la population et les principaux fleuves du royaume de Prusse?

R. La population est de 10,927,300 d'habitans; les principaux fleuves sont: l'Oder, la Vistule, l'Elbe et l'Asprée.

POLOGNE.

D. Comment divise-t-on le royaume de Pologne?

R. En huit provinces ou woiwodies.

Nommez la capitale de la Pologne, et dites sa population.

Varsovie, dont la population est de 104,000 habitans.

D. Quelles sont les principales villes?

R. Sendomir, Lublin et Cracovie (ville libre.)

D. Quelle est la population de la Pologne?

R. Sa population est de 2,732,325 habitans.

XXXIVe LEÇON.

—

SAXE, HANOVRE ET BAVIÈRE.

—

SAXE.

D. *Comment divise-t-on le royaume de Saxe, et quelle est la capitale ?*

R. En cinq petits cercles ; la capitale du royaume est Dresde.

D. *Quelles sont les villes principales?*

R. Leipsick, Freyberg, Planen et Zittaw.

D. *Quelle est la population de tout le royaume ?*

R. La population du royaume est de 1,250,000 habitans.

HANOVRE.

D. *A qui appartient le royaume de Hanovre?*

R. Le royaume de Hanovre appartient à l'Angleterre.

D. *Quelles sont les principales villes du royaume de Hanovre ?*

R. Hanovre, capitale de tout le royaume; Stade, Lunebourg et Osnabruck.

D. *Quelle est sa population ?*

R. Sa population est de 1,305,550 habitans.

BAVIÈRE.

D. *Comment divise-t-on la Bavière ?*

R. En huit cercles, dont la capitale est Munich.

D. *Quelle est la population de la capitale ?*

R. La population de la capitale est de 46,400 habitans.

D. *Quelles sont les villes principales ?*

R. Les villes principales sont : Ratisbonne, Spire.

D. *Quelle est la population de tout le royaume?*

R. La population du Royaume est de 3,560,000.

XXXVe LEÇON.

DIVISION DES CONTRÉES DE L'EUROPE, AU MIDI.

ESPAGNE.

D. Comment divise-t-on l'Espagne ?

R. On divise l'Espagne en quatorze provinces, dont trois au nord, six au milieu, deux au midi, et trois à l'est.

D. Quelles sont les provinces du nord ?

R. La Galice, capitale Compostelle ; les Asturies, capitale Oviédo ; et la Biscaye, capitale Bilbao.

D. Quelles sont les provinces du milieu ?

R. La Navarre, capitale Pampelune ; l'Aragon, capitale Saragosse ; la vieille Castille, capitale Burgos ; le royaume de Léon, capitale Léon ; la nouvelle Castille, capitale Madrid (capitale de tout le royaume), et l'Estramadure, capitale Badajoz.

Nommez les provinces du midi et de l'est.

L'Andalousie, capitale Séville ; le royaume de Grenade, capitale Grenade ; le royaume de Murcie, capitale Murcie, et Valence ; la Catalogne, capitale Barcelonne.

D. Quelle est la population du royaume ?

R. La population du royaume est de 11,500,000 d'habitans.

D. Quelle est la population de la capitale ?

R. La population de la capitale est de 170,000 habitans.

D. Quelles sont les principales montagnes d'Espagne ?

R. Les Pyrénées, les Asturies, l'Estramadure, la Sierra-Morena.

D. Quels sont les principaux fleuves d'Espagne ?

R. L'Ebre, le Tage, la Guadiana et le Guadalquivir.

XXXVIe LEÇON.

—

SUISSE ET WURTEMBERT.

—

RÉPUBLIQUE DE SUISSE.

D. Comment divise-t-on la Suisse ?

R. En vingt-deux cantons, dont neuf catholiques, huit protestans et cinq mixtes.

D. Quelles sont les principales villes catholiques ?

R. Fribourg, Lucerne, Schwitz, Zug, Saleure, Sion, Stants et Altof, qui sont chef-lieux de cantons.

D. Quelles sont les villes et cantons protestans ?

R. Bâle, Berne, Genéve, Neufchâtel, Schaffouse, Zurich, Aran et Lausane, chef-lieux.

Nommez les villes et cantons mixtes.

Arpenzel, Glaris, Saint-Gall et Coire.

D. Quelle est la population de la Suisse ?

R. 1,750,000 d'habitans.

D. Quelles sont les principales montagnes?

R. Ce sont, le Saint-Gothard, le Saint-Bernard et le Simplon.

D. Quels sont les principaux fleuves?

R. Les principaux fleuves sont, le Rhin, le Rhône, l'Aar, le Tésin.

WURTEMBERG.

D. Quelle est la capitale du royaume de Wurtemberg?

R. La capitale est Stuttgard ; 60,000 habitans.

D. Quelles sont les villes principales ?

R. Les principales villes sont, Louisbourg, Rotembourg, Heilbronne et Ulm; population, 1,400,000 habitans.

XXXVIIe LEÇON.

PORTUGAL.

D. Comment divise-t-on le Portugal?

R. Le Portugal se divise en six parties, qui sont : la province entre le Douro et le Minho, capitale Brague; ville principale Porto : la province de Tra-los-Montes, villes principales Bragance et Chaves; la province de Béira, capitale Coimbre; la province de l'Estramadure, capitale Lisbonne; le royaume des Algarves, villes principales Tavira et Lagos; la province de l'Alentéjo, capitale Evora.

D. Quelle est la capitale du Portugal et sa population ?

R. La capitale du Portugal est Lisbonne, population 260,000 habitans.

D. Quels sont ses principaux fleuves ?

R. Les fleuves principaux sont le Tage, le Douro et le Minho, qui ont leur source en Espagne.

D. Quelle est la population du royaume ?

R. Sa population est de 3,815,800 habitans; il a 125 lieues de long, sur 60 de large.

D. Quelles en sont les principales productions ?

R. Fruits excellens, oranges, citrons, amandes, figues, olives; tabac; liége; sel; craie; miel; vins en abondance, dont les plus renommés sont ceux de Porto : sol montagneux, fertile, mais mal cultivé; air pur et tempéré,

XXXVIIIe LEÇON.

—

TURQUIE D'EUROPE.

D. Comment divise-t-on la Turquie?

R. La Turquie est divisée en septentrionale et méridionale. La Turquie septentrionale comprend sept provinces qui sont, la Moldavie, capitale Jassi; la Valachie, villes principales, Bucharest et Tergowist; la Bulgarie, capitale Sophie; la Servie, capitale Belgrade; la Bosnie, capitale Bosna-Seraï ou Seraio; la Croatie, capitale Bihach, et l'Herzegowine, capitale Mostar. La Turquie méridionale comprend quatre parties qui sont, la Romélie, villes principales Constantinople, Andrinople et Salonique; l'Albanie, capitale Janina, ville principale Scutari; la Thessalie, villes principales Larisse, Tricala; et les îles.

D. Comment divise-t-on la Grèce?

R. En quatre parties, savoir, 1° la Livadie, villes principales Livadie et Sétines, autrefois Athènes; 2° l'île de Négrepont, Négrepont; 3° le Péloponèse, villes principales Coranto, autrefois Corinthe, Argos, Napoli de Romanie, Tripolitza, Misistra, autrefois Sparte ou Lacédémone, Navarin; 4° les Cyclades et une partie des Sporades.

La capitale de la Turquie est Constantinople, sa population est de 900,000 habitans.

D. Quelles sont les productions de la Turquie?

R. Blés, maïs, riz; tabac; vins dont les plus renommés sont ceux de Grèce et de Chypre; sol très-fertile; excellens fruits; cuir de buffle, poil de chameau, et carrières de beau marbre de Grèce.

D. Quel est la religion des Turcs?

R. C'est le mahométisme. Le chef de la religion se nomme grand-mufti: les prêtres, imans; les religieux, dervis; les temples se nomment mosquées.

XXXIXe LEÇON.

ITALIE.

ROYAUME DE SARDAIGNE.

D. *Comment divise-t-on la Sardaigne?*
R. En sept parties, qui sont l'île de Sardaigne, capitale Cagliari, qui a un port sur le golfe de même nom; le Piémont, capitale Turin, belle et forte ville sur le Pô; la Savoie, capitale Chambéry, patrie de Saint-Réal, dont le principal ouvrage est l'histoire de la *Conjuration de Venise*; le Monferrat, capitale Casal; le Milanais sarde, capitale Alexandrie; le comté de Nice, capitale Nice, près de la Méditerranée, avec un bon port; et le duché de Gênes, capitale Gênes, superbe ville avec un port.

La population du royaume et de 4,000,000 d'habitans.

GRAND-DUCHÉ DE TOSCANE.

D. *Comment divise-t-on le grand-duché de Toscane?*
R. En trois parties qui étaient anciennement trois républiques, savoir : le Florentin, capitale Florence. qui a vu naître Améric Vespuce, Galilée, Lulli et Le Dante; le Pisan, capitale pise; et le Siennois, capitale Sienne. Les villes principales sont Livourne, l'une des plus belles et des plus florissantes villes de l'Europe; Piombino, ville assez grande, avec un bon port; Orbitello, ville forte, près d'un petit isthme, au milieu d'un étang salé; l'île d'Elbe, située sur la côte de Toscane, dont la capitale est Porto-Ferraio, place forte.

La population de la Toscane est de 1,800,000 hab.

XLe LEÇON.

—

ÉTAT DE L'ÉGLISE.

D. *Comment divise-t-on les états de l'Eglise?*

R. En douze provinces qui sont, le Ferrarais, capitale Ferrare ; le Bolonais, capitale Bologne ; la Romagne, capitale Ravenne ; le duché d'Urbain, capitale Urbain ; le Pérousan , capitale Pérouse ; la Marche d'Ancône, capitale Ancône ; l'Ombrie, capitale Spolette ; le duché de Castro, capitale Castro ; l'Orvietan, capitale Orviéto ; le Patrimoine de saint Pierre, capitale Viterbe ; la Sabine, capitale Magliana ; et la campagne de Rome, capitale Rome, sur le Tibre, résidence du Pape, la première ville du monde, par la réunion des chef-d'œuvres tant anciens que modernes ; de Paris 327 lieues ; population , 139 550 habitans. Les principaux monumens sont l'église de Saint-Pierre , le plus magnifique édifice du monde ; Sainte-Marie-Majeure, Saint-Jean-de-la-trape ; Saint-Paul. Les plus beaux palais sont, le Vatican , immense édifice ; le palais quirinal, résidence du Pape, le Capitole , le Panthéon, etc.

D. *Quelles sont les autres villes principales?*

R. Les autres villes principales sont, Rimini, Lorette, Macerata, Ponte-Corvo, et Bénévent.

D. *Quelle est la population des Etats de l'Eglise?*

R. 2,500,000 habitans.

D. *Quelles sont les principales îles d'Italie ?*

R. La Sardaigne, la Corse , l'île d'Elbe, la Sicile et l'île de Malte.

Ses principales productions consistent en blé, lin, chanvre, soie, riz , oranges , figues, olives, vin et nombreux troupeaux ; carrière de soufre , de vitriol et d'Alun.

XLIe LEÇON.

—

ROYAUME DE NAPLES.

D. *Comment divise-t-on le royaume de Naples?*

R. En plusieurs provinces dont la principale est celle de Naples, capitale Naples, port de mer sur la méditerranée, capitale de tout le royaume, résidence du roi, le séjour le plus agréable de l'Italie ; de Paris 474 l, sa popul., comme capit., est de 551,755 h. Curiosités, la cathédrale, le palais royal, la superbe rue de Tolède, la promenade de Chiaia qui a près de 7,000 toises de long.

D. *Quelles sont les villes principales?*

R. Les villes principales sont Aquila, Salerne, Foggia, Bari, Tarente, Cosenza en Italie ; Palerme, Messine, et Syracuse de Sicile.

Les six petits états de l'Italie sont :

1° Le duché de Parme, capitale Parme ; ville principale Plaisance.

2° Le duché de Modène, capitale Modène ; villes principales Reggio et Mirandole.

3° Le duché de Lucques, capitale Lucques.

4° Le duché de Massa, capitale Massa.

5° La république de Saint-Marin, sous la protection du Pape.

6° La principauté de Monaco, sous la protection du roi de Sardaigne.

Les productions du royaume de Naples sont, blé, légumes, lin, riz, coton, huile de la Calabre et de la Pouille, vins précieux, manne, souffre, jus de réglisse, vers à soie, etc. Sa population, comme royaume, est de 5,000,000 d'habitans.

ROYAUMES et population.	CAPITALES et leur poulation.	VILLES PRINCIPALE
France, popul. 32,000,000.	Paris, popul. 894,000.	Lyon, Marseill Bordeaux, Rouer Nantes, Orléans.
Angleterre, popul. 21,000,000.	Londres, popul. 1,263,600.	Edimbourg, D blin, Cantorbéry Oxford, Bristol Yorck et Douvres.
Danemarck, popul. 1,721,230.	Copenhague, popul. 101,000.	Odensée, Kie Altona, Ripen Viborg.
Suède, popul. 4,000,000.	Stockholm, popul. 80,000.	Gothenbourg, U sal, Christiana Christiansand et Fr dérisk-Hald.
Empire de Russie, popul. 50,000,000.	St-Pétersbourg, popul. 400,000.	Moskou, Riga, R vel, Arcangel, A tracan, Poltava Odessa.
Pologne (la Russie), popul. 2,732,525.	Varsovie, popul. 104,000.	Cracovie et L blin.

PROVINCES principales.	FLEUVES principaux.	MONTAGNES principales.
...sle-de-France, ...rmandie, Bour-...ne, Bretagne, ...yenne, Provence.	La Seine, la Loire, la Garonne, le Rhône.	Les Alpes, les Pyrénées, le Cantal, le Jura, et les Vosges.
...ancaster, Var-..., Glocester, Suf-....	Le Tay, l'Humbert, la Tamise, la Saverne.	Les monts Chéviots.
...utland, Séeland, ...nde.	L'Eyder.	Le mont Hécla, en Islande.
...aponie, Bothnie, ...hie, Norlent.	La Gotha, l'Huméa et la Tornéa.	Les monts Ophrines ou de Kolen, ou Alpes scandinaves
...ivonie, Cosaque, ...lande, Cour-...le.	Le Volga, le Don, le Dniéper, la Dzwina (la Duna) la Moscowa.	Les Monts Poyas et Ourals.
...andomir. ...lazovie.	La Vistule.	

ROYAUMES et population.	CAPITALES et leur population.	VILLES PRINCIPALE
Autriche (Empire), popul. 30,000,000.	Vienne, 270,000.	Prague, Bude, R guse , Troppa Presbourg , et H manstadt.
Lombardie (Autr.), popul. 4,105,000.	Venise, 260,000.	Crémone, Pavi Padoue , Mila Mantoue , Bellun Vicence , Véronn
Prusse, popul. 10,927,300.	Berlin, 192,650.	Kœnisberg, Da zick, Munster, Du seldorff, Cologne Trèves.
Pays-Bas, popul. 3,562,000.	Bruxelles, 80,000.	Liége, Namur, Tou nay, Auvers, Mon La Haye , Amste dam, Roterdam.
Suisse (République), popul. 1,750,000.	Frybourg, 6,464.	Genèves, Bâl Zurich, Lausann Berne, Coire, L cerne.
Saxe, popul. 1,250,000.	Dresde, 45,000.	Bautzen , Zitta Léipsick.

PROVINCES principales.	FLEUVES principaux.	MONTAGNES principales.
Iongrie, Illyrie, avonie, Dalmatie, ravie et Trévise.	Le Danube, la Drave, la Save, la Tesse, l'Adige.	Monts Crapacks.
)lona, Larie et io.	Le Pô et la Piave.	
'oméranie, Clé- Westphalie, Si- e, Brandbourg, en.	L'Oder, la Vistule, l'Elbe, la Sprée.	
elge, Hollande, nault, Brabant, e, Flandre.	Le Rhin, la Meuse, l'Escaut et la Sambre.	
rybourg, Tessin, on, Soleure.	L'Aar, le Tesin, l'Adda.	Les Alpes, mont Saint-Gothard, mont Saint-Bernard, Simplon, Rose, Genis.
isnie et Lusace.	L'Elbe.	

ROYAUMES et population.	CAPITALES et leur population.	VILLES PRINCIPALES
Hanovre, 1,305,550.	Hanovre, 24,000.	Brême, Oldem bourg, Lunebourg et Stade.
Bavière, 3,560,000.	Munich, 46,400.	Spire, Nuremberg Augsbourg et Ratis bonne.
Wurtemberg, 1,400,000.	Stuttgard, 60,000.	Ulm.
Isles Ioniennes (r.), 2,000,000.	Corfou, 14,000.	Sainte - Maure Paxo, Théaki, Cé rigo, Zante et Cé phalonie.
Espagne, 11,500,000.	Madrid, 170,000.	Sarragosse, Pam pelune, Bilbao, Bar celonne, Léon, Sé ville et Cadix.
Portugal, 5,815,800.	Lisbonne, 260,000.	Santaren, Evora Tavira, Coimbre Porto et Bragance

POVINCES principales.	FLEUVES principaux.	MONTAGNES principales.
s principautés.	Le Weser, l'Elbe.	
ser, le Résan.	L'Iser, le Mein , l'Um.	
a Souabe.	Le Neker.	
ept îles.		
astille, Navarre, aye , Catalogne, dalousie et Bur-se.	L'Ebre, la Gua-diana, le Guadalqui-vir, le Tage.	Les Pyrénées, les Asturies, l'Estrama-dure et la Siera-Morena.
stramadure por-ise.	Le Tage, le Dou-ro et le Minho.	

ROYAUMES et population.	CAPITALES et leur population.	VILLES PRINCIPALES
Sardaigne, 4,000,000.	Turin, 90,000.	Chambéry, Ver ceille, Alexandrie Acqui, Gènes, Nice
Naples, 5,000,000.	Naples, 551,755.	Palerme, Tarente Messine et Syracus
Etats de l'Eglise, 2,500,000.	Rome, 139,850.	Bologne, Ancôn Ferrare, Ravenne Orvietto, Spolette
Duché de Toscane, 1,800,000.	Florence, 75,200.	Piombino, Orb telle, Sienne, Pis Livourne.
Turquie (Empire), 12,000,000.	Constantinople, 900,000.	Bosna-Seraï, B charest, Andrinopl Belgrade, Sophia.
Grèce (à la Turquie), Varie de 2 à 4 mil- lions.	Salonique, 70,000.	Sétines, Lépan Coranto, Misistra Navarin.

PROVINCES principales.	FLEUVES principaux.	MONTAGNES principales.
avoie, Piémont, es, Nice, Sar- ne.	Le Pô.	Les Appennins, le mont Saint-Ange.
Calabre, La- , Otrante, la e.		Le mont Vésuve, les Appennins, le mont Etna.
olonais, la Ro- e, la Campagne ome, Bénévent, arche d'Ancône.	Le Tibre.	Les Appennins.
e Florentin, la et le Siennois.	L'Arnault.	Les Appennins.
Bosnie, la avie, la Roma- la Servie et la arie.	Le Danube et le Mariza.	Les monts Casta- gnacs ou l'Hémus, le mont Caucase.
acédoine, Livo- Albanie, île de lie.		

XLII° LEÇON.

ASIE.

DESCRIPTION DE L'ASIE.

D. *Qu'est-ce que l'Asie ?*

R. C'est une des cinq parties du monde, non moins célèbre par son étendue et sa population que pour avoir été le berceau des premières connaissances, et avoir vu naître N. S. Jésus-Christ : c'est là que se sont accomplis tous les mystères de notre sainte religion.

D. *Quelles sont les bornes de l'Asie ?*

R. Elle est bornée au nord par l'Océan-glacial arctique ou Mer-Glaciale ; à l'est par le grand Océan ; au sud par la mer des Indes ; à l'ouest par la Mer-Rouge, l'isthme de Suez, la Méditerranée, la Mer-Noire et la Russie d'Europe.

D. *Quelle est l'étendue de l'Asie ?*

R. Sa plus grande longueur, prise de l'isthme de Suez au détroit de Berhing, est de 2,700 lieues ; et sa plus grande largeur, de la Mer-glaciale au cap Comorin, est de 1,500 lieues.

D. *Quelles sont les productions de l'Asie ?*

R. Les principales sont, blé, vins, riz, fruits excellens, des drogues, des aromates et beaucoup d'épiceries. On y trouve beaucoup d'or, d'argent, de pierreries, de perles ; des animaux sauvages qui ne sont pas en Europe, le tigre, le léopard, le rhinocéros, le chameau, le dromadaire. On y fabrique de belles étoffes de soie, de toiles peintes, de belle porcelaine, etc.

D. *Quelles sont les principales îles de l'Asie ?*

R. L'île de Tchoka, l'île de Formose, Macao et Hainan, dans la mer de la Chine ; l'île de Ceylan, de Bombay et de Bahrein, l'île de Chypre et de Rhodes dans la Méditerranée ; les Kuriles, les Maldives, les Laquedives, Nicobar, et les Sporades, dans l'Archipel.

XLIII° LEÇON.

—

D. Par combien de mers l'Asie est-elle baignée ?

R. L'Asie est baignée par quinze mers, savoir : quatre grandes, qui sont, la Mer-Glaciale, au nord ; la mer des Indes, au midi ; la mer Pacifique, à l'orient ; et la Méditerranée à l'occident. Les onze petites sont la mer Caspienne, qui peut être considérée comme un grand lac ; la mer d'Azof ; la Mer-Noire, la mer de Marmara, l'Archipel, la Mer-Rouge, la Mer d'Arabie, la mer de la Chine, la Mer-Jaune, la mer du Japon et la mer d'Okhotsk.

D. Quels sont les principaux golfes de l'Asie?

R. Il y en a cinq principaux, celui de l'Oby, dans le pays des Samoïèdes, au nord de la grande Tartarie ; le golfe de Pékili, entre la Chine et la presqu'île Corée, le golfe de Siam, au sud de l'empire des Birmans ; la baie de Bengale, entre l'empire des Birmans et l'Indostan ; le golfe Persique, entre l'Arabie et la Perse ; le golfe Arabique, ou Mer-Rouge ; et le golfe Tonkin.

D. Combien y a-t-il de détroits en Asie ?

R. Il y en a onze, qui sont : le détroit de Vaigatz, la manche de Tartarie, le détroit de La Peyrouse, le détroit de Coreé, le détroit de Macassar, le détroit de la Sonde, le détroit de Malaca, le détroit de Manar, le détroit d'Ormus, le détroit de Bab-el-Mandeb, et le détroit de Berhing.

D. Combien y a-t-il de lacs principaux en Asie ?

R. Il y en a sept, savoir : le lac Asphalite ou Mer-Morte, entre la Turquie et l'Arabie ; le lac Van, en Turquie ; le lac Urmia, en Perse ; le lac Daral, dans la Tartarie indépendante ; les lacs Baltachi et Saïsan, dans la Chine ; et le lac Baïcal, dans la Russie d'Asie.

XLIVe LEÇON.

—

PRESQU'ÎLES, CAPS ET MONTAGNES D'ASIE.

Nommez les principales presqu'îles d'Asie.

Les principales sont, la presqu'île orientale des Indes ou l'empire des Birmans; la presqu'île occidentale des Indes; l'Arabie et l'Anatolie; la presqu'île de Corée, de Malacca, et de Kamstchatka.

Indiquez les principaux caps de l'Asie.

Les principaux caps sont le cap oriental Romania, le cap Comorin, le cap Rasalgate et le cap Smyrne.

D. *Combien y a-t-il de chaînes de montagnes en Asie?*

R. Il y en a six, qui sont le Caucase, entre la mer Caspienne et la Mer-Noire; les monts Ourals, entre la Russie d'Europe et la Sibérie; les monts Himmalaya, entre l'Indoustan et l'empire Chinois; les monts Gauls, qui s'étendent dans l'Indoustan jusqu'au cap Comorin; le mont Taurus, et le Liban, dans la Turquie d'Asie.

D. *Quels sont les monts les plus remarquables de l'Asie?*

R. Ce sont les monts Dawolagiri et Iwahir, les pics les plus élevés du monde, dans la chaîne de l'Himmalaya; le mont Ararat, en Perse; le mont Thabor et le mont Carmel, dans la chaîne du Liban; les monts Sinaï et Horeb, au nord-ouest de l'Arabie; et le pic d'Adam, dans l'île de Ceylan.

D. *Quels sont les principaux fleuves d'Asie?*

R. Ce sont le Hoan-Ho ou la rivière Jaune; et le Kiang-Ho ou la rivière Bleue, qui se jette dans la mer Jaune; le Gange, l'Indus, le Tigre et l'Euphrate.

XLVe LEÇON.

—

DIVISION DES CONTRÉES DE L'ASIE.

D. *En combien de contrées principales divise-t-on l'Asie ?*

R. On divise l'Asie en six contrées principales dont une au nord, qui est la grande Tartarie ; deux au midi, qui sont la Chine et l'Inde ; trois à l'occident, qui sont la Perse, l'Arabie, et la Turquie d'Asie. Il faut ajouter à ces six contrées principales le Japon et les autres îles de l'Asie.

D. *Comment divise-t-on la grande Tartarie ?*

R. Elle se divise en trois parties. La Tartarie russe ou Sibérie, pop. évaluée à 5,000,000 d'hab., la capitale est Tobolsk, population 20,000 habitans. Cette ville est planchéiée, entrepôt du commerce entre l'Europe et la Chine. Les villes principales sont Tomsk-Kiochta, Irkoutsk et Tiflis en Géorgie.

2° La Tartarie indépendante, capitale Bucara ; villes principales, Samarkand, Khiva et Taschkend.

3° La Tartarie chinoise dont les villes principales sont Kirin-Titcicar, Kalmoukie et Cassa.

D. *Quels sont les fleuves principaux ?*

R. L'Obi, l'Ienissei, la Lena, l'Amour ou Saghalien, qui se jettent dans la mer d'Ochotsk.

Les productions de la Tartarie russe sont, mine d'argent, de fer, d'aimant, de cuivre ; peu de céréales. Dans la partie nord, la végétation est presque anéantie par la rigueur du froid ; on y trouve l'ours blanc, beaucoup d'hermines, de zibelines, de renards noirs, dont les fourrures font le principal commerce du pays.

XLVIᵉ LEÇON.

DE LA CHINE.

Le plus grand, le plus ancien et le plus peuplé de tous les empires du monde, capitale Pékin, population 2,000,000 habitans; résidence de l'empereur : de Paris, 2,350 lieues. Le palais de l'empereur a, dit-on, deux lieues de circonférence, y compris ses dépendances. Villes principales, Nan-King, population 250,000 habitans. Il y a une tour de forme octogone, à neuf étages, d'une élévation prodigieuse, couverte en porcelaine et surmontée d'une pomme d'or. On y fabrique la toile de coton jaune appelée Nankin. Canton, seule ville de la Chine où les Européens peuvent être admis, population 1,000,000 habitans. Macao, établissement portugais, au sud de Canton, où le Camoëns composa, dit-on, la *Lusiade*. Il y a en Chine 1,229 villes du troisième ordre, désignées par la finale *cheu*.

221 du second ordre désignées par la finale *theou*.

179 du premier ordre désignées par la finale *fout*.

Les revenus de la Chine sont de 600 millions; la grande muraille qui entoure la Chine, est de 25 pieds de large et 500 lieues de long.

La presqu'île de Corée fait partie de la Chine, capitale King-Ti-Tao.

La population de la Chine est de 235 millions d'habitans.

D. *Quels sont les principaux fleuves?*

R. Le Hoan-Ho ou fleuve jaune, le Kiang-Ho ou rivière bleu, qui traverse la Chine de l'ouest à l'est.

La Chine produit l'arbre à thé, l'arbre à suif, l'aloës, la laque, soie, porcelaine, musc, chèvres du Thibet, et l'encre si connue sous le nom d'*encre de Chine*.

XLVII° LEÇON.

—

DE L'INDE.

D. *Qu'est-ce que l'Inde ?*

R. C'est un grand et vaste pays qui tire son nom du fleuve Indus. Il se divise en deux grandes parties, l'une la presqu'île en-deça du Gange ou Indoustan, l'autre la presqu'île au-delà du Gange.

D. *Quelles sont les provinces de l'Indoustan qui appartiennent aux Anglais?*

R. Les Anglais possèdent le Bengale, la côte d'Orixa, le Carnate, le Tanjoie, le Maduré, l'île de Bombay, l'île de Ceylan, le Travancore, le Calicut ; les villes Delhi et d'Agra, anciennes capitales du Mogol ; et plusieurs autres possessions.

D. *Quelles sont les principales villes des Anglais?*

R. Calcutta, sur le bras du Gange, à 30 lieues du rivage de la mer, résidence du gouverneur du Bengale ; à 1,915 lieues de Paris, population 700,000 habitans. Les autres villes sont Madras, à 1,800 lieues de Paris, population 300,000 habitans; Bombay, Surate, Patna Les Français possèdent Pondichéry, sur la côte du Coromandel ; Carical, Mahé, et Chandernagor. Les Portugais ont Goa, port, archevéché, grande et forte ville très-florissante où est le corps de saint François Xavier.

Les productions de l'Inde sont le riz et la banane, principale nourriture des Indous, indigo, opium, soie, palmiers ; on pêche, près de Ceylan, de belles perles ; toiles peintes dites indiennes, mines de diamans, de pierres précieuses; animaux et oiseaux de toute espèce, éléphans, lions, tigres, et serpens énormes.

XLVIIIe LEÇON.

—

EMPIRE DES BIRMANS, AU-DELA DU GANGE.

D. *Quels sont les états que comprend cette presqu'île ?*

1° L'empire des Birmans est formé des royaumes d'Ava, d'Aracan et de Pégu ; il est arrosé par la rivière d'Ava ; la capitale est Umérapoura : les autres villes sont Rangoun et Syriam.

2° Le royaume de Siam, capitale Siam ou plutôt Juthia, dans une île formée par le Ménan.

3° L'empire d'Anam qui comprend quatre royaumes, le Camboge, capitale Camboge ; la Cochinchine, capitale Saïgon, et Kéhoa ; le Toukin, capitale Kécho.

4° La presqu'île de Malaca, capitale Malaca, entre le golfe de Siam et le détroit de Malaca qui la sépare de l'île de Sumatra.

Les principaux fleuves de l'Inde sont l'Indus, qui se jette dans la mer Arabique ; le Gange, qui se jette dans le golfe de Bengale ; les rivières de Camboge et d'Ava. Les principaux golfes sont le golfe de Bengale, le golfe de Siam, le golfe de Toukin et de Cambaye. Les principales îles sont l'île de Ceylan, de Bombaye, d'Andaman, de Nicobar, les Lacquedives et Maldives, au nombre de 12.000, entourées de bancs de corail. La population de l'Inde est de 80,000,000 d'habitans.

XLIXe LEÇON.

—

PERSE

ET

ROYAUME DE CANDAHAR.

D. *Comment divise-t-on la Perse ?*

R. En douze provinces dont la capitale est Téhéran, population 60,000 habitans. Les autres villes principales sont Ispahan, ancienne capitale de la Perse, population 200,000 habitans ; Tauris, ville forte, population 50,000 habitans ; Hamadan, Erivan, et Schiras ; près de là sont les ruines de l'ancienne Persépolis. La population de la Perse est de 9,000,000 d'habitans.

ROYAUME DE CANDAHAR.

D. *Quelles sont les bornes de ce royaume?*

R. Il est borné au nord par la Tartarie indépendante et le petit Thibet ; au sud, par la mer d'Arabie ; à l'est, par l'Indoustan ; et à l'ouest par la Perse.

D. *Quelle en est la capitale?*

R. La capitale est Caboul et Candahar, les autres villes principales sont Cachemire, Lahore et Kélot, capitale du Béloutchistan.

Les principales productions sont riz, froment, beaux fruits ; il y a des vallées qui produisent deux moissons par an. On y trouve des lions, des tigres, des léopards, des hyènes, des dromadaires, beaucoup de chèvres dont le poil sert à fabriquer les schals dit de Cachemire.

L· LEÇON.

—

ARABIE.

D. *Qu'est-ce que l'Arabie?*

R. L'Arabie est une grande péninsule ou presqu'île, en partie déserte, bornée au nord par la Syrie et l'Euphrate, au sud par la mer des Indes, à l'ouest par la Mer-Rouge et l'isthme de Suez, et à l'est par le golfe Persique.

D. *Comment divise-t-on l'Arabie?*

R. On la divise en trois partie, l'Arabie pétrée, capitale Suez ; l'Arabie déserte, ville principale Médine où l'on voit le tombeau de Mahomet, la Mecque, lieu de la naissance de ce faux prophète; l'Arabie heureuse, villes principales Moka, Mascate, port sur le golfe d'Oman.

D. *Quelles sont les productions de l'Arabie ?*

R. Elle produit le café dit de Moka, l'encens, la myrrhe, l'aloès, du baume, des chameaux, des dromadaires et des chevaux réputés les meilleurs du monde.

La population est d'environ 12,000,000 d'habitans.

LIe LEÇON.

—

TURQUIE D'ASIE.

D. *Quelles sont les bornes de la Turquie d'Asie?*

R. Elle est bornée au nord par la Mer-Noire et la mer de Marmara, à l'est par la Perse, au sud par l'Arabie, et à l'ouest par la Méditerranée.

D. *Quelles sont ses productions ?*

R. Elles consistent en vins, olives, grains, fruits délicieux, figues, oranges, pistaches, dattes, soie, coton, opium, noix de Gales, éponges fines, corail, etc.

D. *Comment divise-t-on la Turquie d'Asie ?*

R. On la divise en quatre parties, savoir : l'Anatolie ou Asie-Mineure qui est une grande presqu'île entre la Mer-Noire et la Méditerranée, dont les villes principales sont Trébisonde, port sur la Mer-Noire, Kiutahié, Amasie, Tokat, Scutari, Sinope, Angora, Smyrne, port sur l'archipel. Population, 120,000 habitans.

Presque toutes les nations de l'Europe y ont des comptoirs; grand commerce avec les Français.

SYRIE.

D. *Qu'est-ce que la Syrie ?*

R. C'est un très-beau pays renfermé entre l'Euphrate et la Méditerranée, traversé par les chaines du Liban et de l'anti Liban, arrosé par l'Oronte et le Jourdain.

D. *Quelles en sont les principales villes ?*

R. Alep, population 150 mille habitans; Antioche ou Antakieh, et Alexandrette; Damas, au pied du mont Liban; Saint-Jean d'Acre et Tripoli. Tsour (Tir), Seide (Sidon), Jaffa (Joppé), Balbec (Héliopolis), l'Atakieh (Laodicée) et Jérusalem, ancienne capitale de la Judée; ville célèbre par les mystères de notre sainte religion qui s'y sont opérés, à 800 lieues de Paris.

ARMÉNIE ET DIARBEKIR.

D. Quelle est la capitale de l'Arménie?

R. La capitale est Erzerum, population 70 mille habitans. C'est en Arménie que se trouve le mont Arrarat, où l'on croit que l'arche de Noé s'est arrêtée.

Les principales villes du Diarbekir sont Mosul, près des ruines de Ninive; Diarbékir, chef-lieu; Bassora, au confluent du Tigre et de l'Euphrate; population, 60 mille habitans; Bagdad. La population de toute la Turquie d'Asie est évaluée à 15 millions d'habitans.

JAPON.

D. Où est situé le Japon?

R. Le vaste empire du Japon est situé à l'est de la Chine. Les iles principales du Japon sont l'ile de Niophor, Kiusiu et Sikokf.

D. Quelle est la capitale du Japon?

R. Jédo, ville considérable, résidence du Cubo ou empereur séculier; Méaco, résidence du Daïro ou empereur spirituel; Nangasaki, dans l'ile de Kiusiu, seule ville où les étrangers soient admis. La population du Japon est de 40 millions d'habitans. Il produit riz, sucre, indigo, thé, or, argent, mercure, pierre d'aimant, porcelaine renommée.

LIIe LEÇON.

—

DESCRIPTION DE L'AFRIQUE.

D. *Qu'est-ce que l'Afrique ?*

R. L'Afrique est une grande presqu'île bornée au nord par la Méditerranée, à l'est par l'isthme de Suez qui la joint à l'Asie par la Mer-Rouge, qui la sépare de l'Arabie, et par la mer des Indes ; au midi par la mer du sud, et à l'ouest par l'Océan atlantique qui la sépare de l'Amérique ; elle est presque tout entière sous la zône torride : c'est la partie la plus grande et la moins peuplée du continent.

D. *Quelle est l'étendue de l'Afrique ?*

R. Sa plus grande longueur est d'environ 1,800 lieues, depuis le cap de Bonne-Espérance jusqu'au cap Bonn ; et sa plus grande largeur est d'environ 1,650 lieues, depuis le cap Vert jusqu'au cap Gardafui.

D. *En combien de contrées principales divise-t-on l'Afrique ?*

R. L'Afrique se divise en douze contrées, savoir l'Egypte et la Barbarie, sur la côte de la Méditerranée ; le Saara, la Guinée et le Congo, sur la côte de l'Océan ; la Cafrerie, sur la côte de la mer du Sud ; le Monomotapa, le Zanguebar et l'Ajan, sur la mer des Indes ; l'Abyssinie et la Nubie, sur la côte de la Mer-Rouge ; la Nigritie ou le Soudan, au centre ; et le gouvernement du Cap.

D. *Quelles sont les principales montagnes ?*

R. Les principales montagnes sont le mont Atlas, qui s'étend depuis l'Océan atlantique auquel il donne son nom, jusqu'au désert de Barca ; dans l'intérieur, les monts de la Lune et de Kong ; au sud, les monts Lupata et de Cuivre.

LIIIe LEÇON.

—

MERS, ÎLES, GOLFES ET FLEUVES DE L'AFRIQUE.

D. Quelles sont les principales mers d'Afrique ?

R. Ce sont la Méditerranée , au nord; la Mer-Rouge et la mer des Indes, à l'est ; la mer du Sud, au midi; et et l'Océan atlantique, à l'ouest.

D. Quelles sont les principales îles de l'Afrique ?

R. Ce sont les Açores, l'île de Madère, les îles du cap Vert, les îles du golfe de la Guinée, les îles Canaries, l'île Saint-Louis ou de Sénégal, l'île de Gorée, les îles de Saint-Mathieu, de l'Ascension et l'île de Sainte-Hélène dans l'Océan; l'île de France ou de Maurice, l'île Bourbon ou de la Réunion, l'île de Madagascar, les îles de Comoro, des Amirantes ou Sechelles, l'île de Zanzibar, l'île de Rodrique, l'île de Socotora, les îles Mahé et l'île de Bab-el-Manded ; dans la mer des Indes.

D. Quels sont les principaux golfes de l'Afrique?

R. Le golfe de Cidre et de Gabe en Barbarie, de Sofala sur la mer des Indes, de Guinée, sur la côte du même nom ; la baie de Saint-Laurent ou de Sagou dans la Cafrerie.

D. Quels sont les principaux fleuves d'Afrique?

R. Le Nil, qui prend sa source en Abyssinie, traverse la Nubie et l'Egypte après un cours de plus de 500 lieues et se jette dans la Méditerranée par sept embouchures, dont les principales sont celles de Damiette et Rosette.

2° Le Niger, qui prend sa source dans les montagnes de Kong; le Sénégal, la Gambie, le Zaïre et la rivière d'Orange, qui se jettent dans l'Océan; le Zembeze ou Cuama, dans le Monomotapa, qui se jette dans la mer des Indes.

LIVe LEÇON.

—

DÉTROITS ET CAPS D'AFRIQUE.

D. Combien y a-t-il de détroits en Afrique?

R. Il y en a trois, qui sont le détroit de Gibraltar, entre la Barbarie et l'Espagne; le canal de Mozambique, entre le Mozambique et l'île de Madagascar, et le détroit de Bab-el-Mandel, à l'entrée de la Mer-Rouge.

D. Quels sont les principaux caps d'Afrique?

R. Ce sont les caps Bonn et Ceuta en Barbarie, le cap Badajo et le cap Blanc dans le Sahara, le cap Vert et le cap Sainte-Marie dans la Sénégambie, le cap des Palmes, le cap de Guinée, le cap de Bonne-Espérance, le cap des Aiguilles dans le gouvernement du Cap, le cap Natal au nord de Madagascar, le cap Delgado dans le Mozambique et le cap Gardafui au nord de la côte d'Ajan.

D. Quels sont les principaux lacs d'Afrique?

R. Il y en a cinq, le lac Kairoun, autrefois Mœris, en Egypte; le lac Meuzaleh, formé par deux anciennes branches du Nil; le lac Dombéa, dans l'Abyssinie; le lac Maravi ou Mozambique, et le lac Tsad en Nigritie, que l'on dit être une mer intérieure.

Nommez les principales productions de l'Afrique.

L'Afrique est assez fertile vers la côte, mais en général l'intérieur est rempli de vastes déserts et de montagnes de sable. On y trouve les lions, la panthère, le tigre, le rhinocéros, l'éléphant, le singe, le crocodile, le perroquet, etc.

LVe LEÇON.

—

ÉGYPTE.

D. Comment divise-t-on l'Egypte?

R. En trois parties, la basse Egypte, capitale Alexandrie; celle du milieu, capitale le Caire, et en même temps de toute l'Egypte; la haute Egypte, capitale Girgé.

D. Quelles sont les bornes de l'Egypte?

R. Elle est bornée au nord par la Méditerranée, au sud par la Nubie, à l'est par la Mer-Rouge et l'isthme de Suez, et à l'ouest par le grand désert de Barca.

Le Nil la traverse du nord au sud et la fertilise par ses inondations périodiques.

Sa population est de 2,500,000 habitans, et le Caire 500,000 habitans.

D. Quelles sont les curiosités antiques de l'Egypte?

R. Ce sont, au Caire, le puits de Joseph qui a 560 pieds de profondeur; près du Caire, les fameuses pyramides, dont la plus élevée a 421 pieds de hauteur; les ruines de l'ancienne Thèbes aux cent portes, les grottes de la Thébaïde, et les cataractes que forme le Nil à son entrée dans l'Egypte, la plus belle est celle d'Alata où son énorme volume d'eau tombe de quarante pieds sur des rochers, la chute est encore plus considérable en quittant le pays des Nègres congos, il se précipite de 180 pieds; il est peu poissonneux à cause des crocodiles dont il est infesté.

BARBARIE.

D. Comment divise-t-on la Barbarie?

R. On la divise en quatre parties, 1° l'empire de Maroc, capitale Maroc; villes principales, Tafilet, Tanger et Fez.

2° Le royaume d'Alger, capitale Alger.

3° Le royaume de Tripoli, capitale Tripolis.

4° Le royaume de Tunis, capitale Tunis; près de là sont les ruines de Carthage.

LVIe LEÇON.

—

LA GUINÉE, LE SAHARA ET LA NIGRITIE.

D. *Comment divise-t-on la Guinée?*

R. La Guinée se divise en deux parties principales, savoir la Guinée septentrionale ; les principales contrées sont la Sierra-Leona, la côte des Graines, côte des Dents ou d'Ivoire, Côte-d'Or et des Esclaves. La seconde partie est la Guinée propre et méridionale ; les provinces principales sont le Loango, le Congo, le royaume d'Angola, de Benin, de Juda, et Ardres où les Français commercent.

D. *Qu'est-ce que le Sahara?*

R. C'est un grand désert qui s'étend au nord de la Nigritie, depuis l'Océan jusqu'à l'Égypte, couvert de sables mouvans, entièrement stérile, et peuplé de bêtes féroces.

D. *Qu'est-ce que la Nigritie ?*

R. La Nigritie, dont le nom signifie bassin du Niger, est ainsi appelée parce que ses habitans sont noirs. Les principaux royaumes sont Bambou, Bournou et Tombut.

D. *Qu'est-ce que la Nubie ?*

R. C'est une vaste contrée bornée au nord par l'Égypte, à l'est par la Mer-Rouge, au midi par l'Abyssinie et à l'ouest par la Nigritie. Elle renferme plusieurs royaumes indépendans, traversée par le Nil; elle abonde en or, ivoire, riz, dattes, chameaux, chevaux, cannes à sucre, etc.

D. *Quelles sont les bornes de l'Abyssinie?*

R. L'Abyssinie, ancienne Éthiopie, est bornée au nord par la Nubie, au midi par de hautes montagnes qui la séparent du pays de Gingiro, à l'est par la Mer-Rouge et à l'ouest par la Nigritie; sa capitale est Gondar à 50 lieues des sources du Nil. Elle produit riz, lin, coton, froment, oranges, dattes, miel; mines d'or et d'argent; éléphans, rhinocéros, et bêtes féroces.

LVIIe LEÇON.

CONGO ET CAFRERIE, ETC.

D. *Comment divise-t-on le Congo?*

R. On le divise en quatre royaumes qui sont le royaume de Congo, capitale San-Salvador; le royaume de Loango, capitale Loango; le royaume d'Angola, capitale Saint-Paul-de-Loanda, et le royaume de Benguela, capitale Benguela. Les Portugais font presque tous le commerce de cette partie de l'Afrique; ils possèdent le royaume d'Angola et plusieurs autres établissemens.

D. *Qu'est-ce que la Cafrerie?*

R. On appelle ainsi en général l'intérieur de l'Afrique, situé au sud de l'équateur. La Cafrerie tire son nom d'un mot arabe qui veut dire infidèle; elle est divisée en trois parties.

D. *Quels états comprend la partie méridionale?*

R. Elle comprend plusieurs royaumes dont on ne connaît guère que le nom; la partie principale est le pays des Hottentots, nation nègre et sauvage.

D. *Où est situé le cap de Bonne-Espérance?*

R. Cette colonie, qui est maintenant au pouvoir des Anglais, occupe l'extrémité méridionale de l'Afrique, et a pour capitale le Cap; population, 18,500 habitans.

D. *Qu'est-ce que le Monomotapa?*

R. Il comprend plusieurs royaumes dont les villes principales sont Zimbase, Mandona, Tonge, Manica et Sofala. Le commerce de ce pays est entre les mains des Portugais qui possèdent la ville de Sofala.

D. *Qu'est-ce que le royaume de Mozambique?*

R. Ce royaume est tributaire des Portugais à qui appartient la ville de Mozambique, chef-lieu de leurs possessions dans cette partie du monde.

LVIIIe LEÇON.

—

ZANGUEBAR, CÔTE D'AJAN, ET ÎLES D'AFRIQUE.

D. *Que comprend le Zanguebar?*

R. Il comprend plusieurs royaumes du nom de leur capitale, qui sont Mongale, Quiloa, Monbase, Mélinde, et l'île de Zanzibar, extrêmement fertile.

D. *Qu'est-ce que la côte d'Ajan ?*

R. Cette côte, qui est en partie fertile et sablonneuse, comprend la république de Braba, le royaume d'Adel, capitale Babora, port sur le détroit de Bab-el-Mandeb.

D. *Quelles sont les principales îles d'Afrique?*

R. Madagascar, séparée du continent par le canal de Mozambique ; c'est une des plus grandes îles du monde, elle a 350 lieues de long, sur 120 de largeur.

D. *A qui appartient l'île Bourbon ?*

R. Elle appartient aux Français. Elle est fertile en café, capitale Saint-Denis ; population 180,000 habitans.

D. *Quelles sont les autres îles ?*

R. L'île de France ou Maurice à l'Angleterre. Madère aux Portugais, les Canaries, les îles du Cap-Vert, Sainte-Hélène, Jameston, résidence du gouverneur pour le roi d'Angleterre, les îles du golfe de Guinée, l'île de l'Ascension.

D. *Qu'est-ce que l'île de Socotora?*

R. C'est une île située vis-à-vis le cap Gardafui, assez fertile dans les lieux que les vents ne couvrent point de sable, Tamarin en est la capitale.

LIXᵉ LEÇON

—

AMÉRIQUE.

D. *Qu'est-ce que l'Amérique ?*

R. C'est la plus grande des cinq parties du monde ; elle a, du nord au sud, 5,000 lieues.

D. *Par qui a-t-elle été découverte ?*

R. Elle a été découverte par Cristophe Colomb, génois, qui aborda à San-Salvador et ensuite à l'île de Cuba et de Saint-Domingue ; mais elle tire son nom d'Améric Vespuce, florentin, qui a le premier découvert la terre ferme. On l'appelle aussi Nouveau-Monde ou Inde occidentale.

D. *Où est située l'Amérique ?*

R. Entre l'Océan atlantique et le grand Océan-Pacifique. Le premier la sépare de l'Europe et de l'Afrique, et l'autre de l'Asie.

D. *Comment divise-t-on l'Amérique ?*

R. On la divise en deux grandes péninsules, jointes par l'isthme de Panama : l'une s'appelle Amérique septentrionale, et l'autre Amérique méridionale.

D. *Par combien de mers l'Amérique est-elle baignée ?*

R. Par cinq grandes mers, qui sont : la Mer-Glaciale au nord, l'Océan atlantique et la mer des Antilles ou des Caraïbes ; la Mer-du-Sud au midi, et la Mer-Pacifique à l'ouest.

D. *Quels sont les golfes de l'Amérique ?*

R. Les quatre grands golfes sont la baie de Baffin et la baie d'Hudson, dans la Mer-Glaciale ; le golfe du Mexique, dans l'Océan ; et le golfe de Californie ou Mer-Vermeille, dans la Mer-Pacifique. Les petits golfes sont le golfe de Saint-Laurent, la baie de Campêche, dans le Mexique, la baie d'Onduras, la baie de Tous-les-Saints, dans le Brésil, la baie de Guyaquil et le golfe de Panama, dans l'Océan-Pacifique.

LXe LEÇON.

—

ISLES D'AMÉRIQUE.

D. *Quelles sont les îles d'Amérique?*

R. Ces îles sont en grand nombre. Les principales, au nord, sont les îles James, de Cumberland, et de Bonne-Fortune.

Nommez les îles dans l'Océan et la mer des Antilles.

Les îles Lucayes ou de Bahama, les grandes Antilles et les petites Antilles. Les îles Lucayes sont Bahama, Lucaye, Providence et San-Salvador, la première terre découverte en Amérique.

D. *Quelles sont les grandes Antilles?*

R. Ce sont, l'île de Cuba, capitale La Havane; la Jamaïque, capitale Kinstong; Saint-Domingue ou la république d'Haïti; villes principales, Port-aux-Princes, le cap Français et Santo-Domingo, et l'île de Porto-Rico, capitale Saint-Jean.

Nommez celles dans les petites Antilles.

Ce sont les îles Vierges, Saint-Thomas, Sainte-Croix et Tortola. Les principales îles du vent sont, Aiguilles, Saint-Martin, Saint-Barthélemi, la Barboude, Antigoa, mont Serrat, la Désirade, La Guadeloupe, La Martinique, la Dominique. Marie, Galande, Sainte-Lucie, Saint-Vincent, la Barbade, la Grenade, et Tabago. Les îles sous le vent sont, la Trinité, Curaçao, et la Marguerite.

D. *Quelles sont les îles au sud de l'Amérique?*

R. Ce sont les îles Molouines ou Salkland, la nouvelle Géorgie, la Terre-de-Feu, l'île des Etats; celles de la Mer-du-Sud sont l'île de Chiloé, de Fernandez, de St-Félix, de Gallapajos; l'archipel de Van-Couvert, l'archipel du prince de Galle, l'île de Clarke, Saint-Mathieu, Saint-Paul, Saint-Georges et les Aéoutiennes.

LXIe LEÇON

—

PRESQU'ÎLES, DÉTROITS, CAPS, ET LACS D'AMÉRIQUE.

Nommez les principales presqu'îles d'Amérique.

Ce sont le Groenland, au nord de l'Amérique ; la Floride, à l'est ; le Labrador et la nouvelle Ecosse, en Canada ; la Californie, dans le nouveau Mexique.

D. *Quels sont les principaux détroits d'Amérique ?*

R. On en compte sept, qui sont : le détroit d'Hudson, de Davis et de Cumberland, dans la Mer-Glaciale ; le détroit de Belle-Isle, entre Terre-Neuve et Labrador ; le détroit de Magellan, entre la Patagonie et la Terre-de-Feu ; le détroit de Le Maire, entre la Terre-de-Feu et l'île des Etats ; et le détroit de Béhéring, entre l'Asie et l'Amérique, sous le cercle polaire arctique.

D. *Quels sont les principaux caps d'Amérique?*

R. Le cap Horn, à la Terre-de-Feu ; le cap Saint-Antoine, à l'embouchure de La Plata ; le cap Nord, à l'embouchure du fleuve des Amazones ; le cap Saint-Roch, au Brésil ; le cap Gratias-a-Dios, dans la mer des Antilles ; le cap Agi, au midi de la Floride ; le cap Breton, à l'orient de l'île Royale ; le cap Favelle, au sud du Groenland, et le cap Saint-Lucas, au sud de la Californie.

D. *Quels sont les lacs principaux d'Amérique ?*

R. Les lacs Hurons, Ontario, Erié, Méchigan, le lac de l'Esclave et le lac Majeur, au nord des Etats-Unis ; le lac Nicaragua, dans le Guatimala ; le lac Maracaïbo, dans la Colombie ; le lac Titicaca, dans le Pérou ; et le lac Xarayès, à la source de la rivière du Paraguay. Ce lac n'existe que dans la saison des pluies.

LXIIᵉ LEÇON.

—

MONTAGNES ET FLEUVES D'AMÉRIQUE.

D. Quelles sont les principales montagnes d'Amérique?
R. Les Cordilières ou Andes , dans le Chili et le Pérou , le long du grand Océan : c'est dans cette chaine de
montagnes que se trouve le Chimborazo , la plus haute
montagne des Cordilières , ayant 6,550 mètres au-
dessus du niveau de la mer ; on la voit en mer de 80
lieues de distance. Les Cordilières ont 1445 lieues de
long, et on y trouve un grand nombre de volcans. Les
monts Rocheux qui traversent l'Amérique septentrionale du nord au sud, et les monts Apalaches dans les
Etats-Unis.
D. Quels sont les principaux fleuves d'Amérique ?
R. Dans l'Amérique septentrionale, le fleuve Saint-
Laurent, qui traverse le Canada ; le Mississipi, qui reçoit le Missoury, l'Ohio et l'Illinois, et se jette dans le
golfe du Mexique, après un cours d'environ 900 lieues;
le Rio-del-Norte qui se jette dans le Mexique. Dans l'A-
mérique méridionale, le fleuve Maragnon ou rivière des
Amazones , qui a sa source dans les andes des Cordilières , traverse l'Amérique méridionale de l'ouest à l'est ,
a son embouchure sous la ligne équinoxiale, et son cours
est d'environ 1,200 lieues ; c'est le plus grand fleuve du
monde; l'Orénoque, qui communique avec la rivière des
Amazones; le Tocantin , qui prend sa source près de
Villa-Boa, et se joint ensuite au fleuve des Amazones.
La rivière de Saint-François et le rio de La Plata qui est
formée de quatre grandes rivières, le Paraguay, l'Ura-
gay, l'Uranna et le Pilcomayo; arrose Buénos-Ayres et
Monte-Video, et se jette dans l'Océan par une embouchure presque aussi large que la Manche.

LXIIIe LEÇON,

—

DIVISION

DE L'AMÉRIQUE SEPTENTRIONALE.

D. *Comment divise-t-on l'Amérique septentrionale?*

R. En six contrées qui sont le Groenland, l'Amérique russe, les Etats-Unis à qui appartient la Louisiane et la Floride ; le Canada ou Amérique anglaise ou Nouvelle-Bretagne ; le Mexique et le Guatimala.

D. *Qu'est-ce que le Groenland?*

R. C'est un grand pays situé entre le détroit de Davis et l'Océan septentrional, qui appartient aux Danois, il est couvert de neige et de glace pendant neuf mois ; sa population connue est d'environ 2,968,000 d'hab. de la race des Esquimaux. La chair du chien marin est leur principale nourriture, ils se servent de leur graisse pour remplacer le beurre et le suif ; ils se nourrissent de viandes et de poissons crus, et boivent avec délice de l'huile de baleine et ils ne peuvent supporter le meilleur vin. Le Groenland appartient aux Danois, leur principal établissement est Gotaab.

D. *Qu'est-ce que l'Amérique russe ?*

R. C'est une contrée habitée par des Indiens sauvages ; population, environ 70,000 habitans. La rigueur du climat ne permet pas d'y cultiver la terre, il fournit des pelleteries à la Russie : chef-lieu, la nouvelle Archangel.

LXIVe LEÇON.

—

CANADA OU NOUVELLE BRETAGNE, ET DU MEXIQUE.

D. Comment divise-t-on la Nouvelle-Bretagne?
R. En quatre provinces, le Labrador, habité par les Esquimaux; le Canada : villes principales, Québec et Montréal. Le nouveau Brunswick, capitale Scelbarne. La nouvelle Ecosse ou Accadie, capitale Halifax et Annapolis. Le centre du Canada et le nord sont habités par des peuplades sauvages d'Indiens; au sud sont les Hurons, les Iroquois, les grands Esquimaux. La population du Canada est d'environ 1 million d'habitans.

Le Canada produit grain, lin, chanvre, tabac, forêts immenses, castors, loutres, ours, renards, beaucoup de rivières et de lacs. Le froid et le chaud y sont extrêmes. Entre le lac Erié et Ontario est la fameuse cataracte que forme la rivière du Niagara avant d'entrer dans le lac Ontario. L'eau tombe perpendiculairement de 160 pieds de hauteur, le bruit de cette magnifique cataracte s'entend de trois lieues, et d'autres disent même de dix lieues.

D. Où est situé le Mexique?
R. Il est situé entre le Guatimala, les Etats-Unis et le golfe du Mexique.

D. Comment se divise le Mexique?
R. En nouveau et ancien. La capitale est Mexico, ville très-peuplée; les autres villes sont Vera-Cruz, Acapulco, Campêche, et Santa-Fé, capitale du nouveau Mexique. Le Guatimala est compris dans une langue de terre située entre l'Océan, le Mexique et l'isthme de Panama; sa population est de 2 millions d'habitans, capitale Guatimala ou San-Iago. Villes principales, Carthage et Léon.

LXVe LEÇON.

ÉTATS-UNIS.

D. *Qu'est-ce que les États-Unis ?*

R. C'est une république fédérative composée de plusieurs états qui ont chacun leur gouvernement et qui envoient leurs députés au congrès, ils sont indépendans depuis 1782.

D. *Quelles sont les principales tribus indigènes qui habitent les États-Unis ?*

R. Ce sont les Indiens, les Osages, les Illinois, les Panis, les Chactas ou têtes-plates, et les Natchéz.

Nommez les principales provinces.

La Caroline, la Géorgie, la Louisiane, la Floride, le Mariland, le Mississipi, le Missoury, la Pennsylvanie, la Virginie, la Colombie, l'Alabama et le Kentucki.

D. *Quelles sont les principales villes ?*

R. Baltimor, sur un port; Boston, sur un port; Philadelphie, la Nouvelle-Orléans, Pensacola, Saint-Augustin, et New-Yorck, port de mer. Grand commerce.

La population des États-Unis est de 13 millions d'habitans. Ils produisent beaucoup de céréales, coton, riz, tabac de Virginie, fruits excellens, houblon, indigo ; mines d'argent, de fer et de cuivre, etc.

D. *Quelle est la capitale des États-Unis ?*

R. Vashington, siége du Congrés; port : distance de Paris, 1,500 lieues. Sa population est de 12,000 hab.

LXVIe LEÇON.

AMÉRIQUE MERIDIONALE.

D. *Comment divise-t-on l'Amérique méridionale ?*

R. On la divise en huit parties, qui sont : la Colombie, le Pérou et le Chili, à l'ouest ; le pays des Amazones, au centre ; le Brésil et la Guyane, à l'est ; le Paraguay, la Patagonie et la Terre-de-Feu, au sud.

D. *Comment divise-t-on la république de Colombie ?*

R. En plusieurs départemens dont les villes principales sont Santa-Fé-de-Bogota, capitale, située sur une hauteur pe 8,000 pieds au-dessus de la mer ; sa population est de 30,000 habitans. Quitto, ville commerçante, élevée de 1,500 toises au-dessus du niveau de la mer : en 1797 il y périt 42,000 habitans par un affreux tremblement de terre. Les autres villes sont Carthagène, port sur la mer des Antilles ; Pannama, dans l'isthme de ce nom ; Porto-Bello, Cumana, Maracaybo et Guiaquil.

Les productions consistent en excellent cacao, sucre, bois odoriférant, fruits, tabac, bois d'acajou, indigo et quinquina.

Cette république s'étend, d'un côté, depuis la mer des Antilles, jusqu'aux frontières du Pérou, la rivière des Amazones, le rio Négro ; et de l'autre, depuis l'Océan atlantique jusqu'au grand Océan.

CHILI.

Le Chili est situé au sud du Pérou, il forme une lisière étroite entre le grand Océan et les Cordillières, pays très-riche par ses mines d'or ; capitale San-Iago, évêché ; population, 30,000 habitans. Villes principales, la Conception, Valdivia, Valparaiso. Productions abondantes en vin excellent, tabac, mines d'argent, de cuivre, de topazes, de rubis, de saphirs. On y trouve le Condor, l'Autruche, le Flaman, le Colibri, le Pélican, etc. On y compte quatorze volcans.

LXVIIᵉ LEÇON.

—

LE PÉROU.

D. *Où le Pérou est-il situé?*

R. Le Pérou est situé le long du grand Océan et des deux côtés de la chaîne des Cordilières, c'est le plus riche pays du monde. Ses productions consistent en riches mines d'or et d'argent, bois précieux, quinquina, coton, cannes à sucre, poivre, jalap. On y trouve le Lama, la Vigogne, le Condor. Les Péruviens sont bien faits, robustes et propres à la fatigue. Population 1,500,000 habitans.

D. *Quelle est la capitale du Pérou?*

R. Lima, archevêché, l'une des plus belles villes de l'Amérique; les églises y sont richement ornées d'or, d'argent, de diamants et de pierres précieuses. Elle est sujette aux tremblemens de terre : population 59 mille habitans. Les autres villes principales sont Calao, port de mer; Cusco, ancienne capitale des Incas; Aréquipa, ville très-belle et commerçante près d'un grand volcan; Truxillo, Potosi, sur la rivière de ce nom.

PAYS DES AMAZONES.

D. *Qu'est-ce que le pays des Amazones?*

R. C'est une vaste contrée située à l'est du Pérou et traversée par le fleuve des Amazones, et peuplée par des habitans qui fuient à l'approche des Européens. Un capitaine espagnol, qui descendit le premier ce fleuve, ayant vu sur le bord des femmes armées, lui donna le nom qu'il porte aujourd'hui.

D. *Qu'est-ce que la Patagonie?*

R. C'est un pays sauvage, stérile, peu connu, en partie désert, habité par des peuples nomades, de six pieds et demi. La Terre-de-Feu est une grande île volcanique, séparée de la Patagonie par le détroit de Magellan et l'île des États.

LXVIIIe LEÇON.

LE BRÉSIL.

D. *Comment se divise le Brésil ?*

R. En dix-neuf gouvernemens. La capitale est Rio-Janéïro ; population, 100 mille habitans. Les autres villes principales sont Fernambouc, San-Salvador, ancienne capitale du Brésil; Maragnon, Para, Saint-Louis, Saint-Paul, Rio, Négra, et Espiritu-Santo. Il est situé le long de l'Océan atlantique, borné au sud par les états du Paraguay; population générale, 4 millions d'habitans.

Le Brésil produit du riz, sucre, café, cacao, indigo, du bois rouge propre à la teinture, et qui a donné son nom au pays. On y trouve le Jaguard, les singes, des crocodiles, des serpens à sonnettes, des Autruches, des perroquets, etc.

D. *Comment divise-t-on la Guyanne ?*

R. En trois parties, Guyanne anglaise, capitale Stabrock ; Guyanne hollandaise, capitale Paramaribo ; Guyanne française, capitale Cayenne, située dans une île du même nom. La Guyanne est très-fertile, on y fait plusieurs récoltes par an ; son sol est marécageux et malsain. On y trouve toutes les productions de l'Asie, café, sucre, cacao, indigo, coton, épices, etc.

D. *Où est situé le Paraguay ?*

R. A l'est du Chili et au sud du Brésil.

D. *Quelle est la capitale du Paraguay ?*

R. La capitale du Paraguay est Buénos-Ayres : on la nomme ainsi à cause du bon aire qu'on y respire, elle est sur le rio de La Plata; population 70 mille habitans. Ville très-commerçante ; les autres villes sont l'Assomption, grande et belle ville ; la Conception, Santa-Fé et Monte-Video. On y cultive la vigne, la canne à sucre, l'indigo; beaucoup de bœufs, de moutons ; d'énormes serpens, et un certain arbre qui produit la liqueur appelée Sang-de-Dragon.

LXIXe LEÇON.

OCÉANIE.

D. *Qu'est-ce qu'on entend par Océanie ?*

R. On entend la totalité des îles situées au sud de l'Asie , avec la nouvelle Hollande et les îles du grand Océan.

D. *Comment divise-t-on l'Océanie ?*

R. En trois parties, la Notasie , l'Australie et la Polinésie.

D. *Quelles sont les îles de la Notasie ?*

R. Ce sont les îles de l'archipel situé entre l'Asie et la nouvelle Hollande : on les divise en trois groupes, les îles de la Sonde , les Moluques et les Philippines.

D. *Quelles sont les îles de la Sonde ?*

R. Elles sont au nombre de trois , la plus grande est Bornéo , elle est divisée en deux par l'équateur. Capitale Bornéo. Habitans sauvages et féroces. Elle produit le riz , le poivre , la canelle, le camphre , le coton et les diamans. 2. Sumatra, coupée obliquement par l'équateur, traversée par une chaîne de montagnes ; le point le plus élevé est le mont Ophyr, haut de 12,500 pieds : capitale Achen, bon port; Bencoulin, aux Anglais. Mêmes productions qu'à Bornéo. 3. Java, séparée de Sumatra par le détroit de la Sonde. Elle est la plus peuplée, la plus industrieuse et la plus commerçante des îles de la Sonde. Capitale Batavia, port très fréquenté , chef-lieu du commerce des Hollandais : mêmes productions.

Nommez les plus considérables îles des Moluques.

Les Célèbes. Elles produisent riz , coton, camphre ; les autres sont Amboine , Banda , Gilolo, toutes très-fertiles en épices.

Les îles Philippines sont un groupe d'îles possédées par l'Espagne ; les principales sont Manille ou Lucon, port, archevêché , résidence du gouverneur. Ces îles sont fertiles , mais sujettes aux tremblemens de terre, population, 2,550,000 habitans.

LXXe LEÇON.

AUSTRALIE ET POLYNÉSIE.

D. *Que comprend l'Australie ?*

R. Elle comprend la nouvelle Hollande et plusieurs îles.

D. *Qu'est-ce que la nouvelle Hollande ?*

R. C'est la plus grande des îles de l'univers, elle égale l'Europe en grandeur, son étendue immense lui a fait donner le nom de continent. Les Anglais y ont formé, sur la côte orientale, l'établissement de Botany-Bay et de Port-Jackson, où l'on déporte les criminels. Les autres îles de l'Australie sont la nouvelle Guinée ou terre des Papous, l'archipel de la Louisiade, les nouvelles Hébrides, l'archipel de Salomon, la nouvelle Bretagne, la nouvelle Zélande et la nouvelle Calédonie.

D. *Quelles sont les productions de la nouvelle Hollande ?*

R. Ses productions diffèrent en tout de celles des autres pays. On y trouve des végétaux singuliers, tels que le Cassuarina, arbre à feuilles plumeuses ; des animaux très-remarquables, tels que le Kangourou qui a la taille d'un mouton, mais qui a les jambes de derrière dix fois plus longues que celles de devant ; le Cassoar, l'Ornithorincus, espèce d'amphibie qui a le bec d'un oiseau, il a quatre pieds couverts de poils comme les quadrupèdes, et peut vivre dans l'eau comme les poissons.

POLYNÉSIE.

D. *Qu'est-ce que la Polynésie ?*

R. La Polynésie renferme tous les groupes d'îles dispersés dans le grand Océan, entre les deux tropiques, tels que les Carolines, les îles Mariannes ou des Larrons aux Espagnols ; les îles Sandwich, l'archipel dangereux ; les îles de la Société, les îles des Navigateurs et les îles des Amis.

LXXIe LEÇON.

TERRES POLAIRES ET NOUVELLES DÉCOUVERTES.

D *Qu'appelle-t-on terre polaire?*

R. Ce sont quelques terres situées au-delà du cercle polaire arctique et antarctique.

Nommez les principales terres polaires arctiques.

Ce sont, 1° la nouvelle Zemble dont le nom signifie nouvelle terre , elle est séparée de l'Asie par le détroit de Vaigatz; froid extrême , peu habitée et presque sans productions. 2° Le Spitzberg , grande ile de la mer Glaciale , découvert par les Hollandais en 1596 , l'air y est si froid que ceux qui ont voulu pénétrer dans le pays, y sont morts ou ont été dévorés par des ours qui y viennent sur la glace; il est près du 80°. degré de latitude. 3° Le Groenland est un grand pays au nord-est de l'Amérique, il y fait si froid que la mer y gèle.

Les terres polaires antarctiques sont la Terre-de-Feu et la nouvelle Zélande; on appelle terres australes, celles qui sont entre l'équateur et les terres polaires antarctiques , comme la nouvelle Guinée , la Nouvelle-Hollande et la terre de Van-Diémen.

LXXIIᵉ LEÇON.

COSMOGRAPHIE.

D. *Qu'est-ce que la Cosmographie?*

R. La cosmographie est la description de l'univers.

D. *Comment se divise la cosmographie ?*

R. Elle se divise en géographie et en astronomie. La géographie est la description de la terre , elle a sous elle la chorographie ; et celle-ci la topographie.

D. *Qu'est-ce que la chorographie?*

R. La chorographie est la description ou la connaissance de quelques royaumes ou provinces particulières , comme de la France ou de la Bourgogne.

D. *Qu'est-ce que la topographie?*

R. La topographie est la description d'un lieu ou d'un pays particulier , comme de Paris et sa banlieue, c'est-à-dire de tout ce qui se rencontre aux environs de Paris et qui en dépend.

D. *Qu'est-ce que l'hydrographie ?*

R. C'est la description des eaux. Par la science hydraulique, on entend la connaissance des mers, des golfes, fleuves, rivières, etc. ; les aqueducs, fontaines, cascades, jets d'eau, etc.

D. *Qu'est-ce que l'astronomie?*

R. L'astronomie est une science qui traite des astres ; elle nous en fait connaître le cours , la position, la grandeur et les distances réciproques.

D *De quoi se sert-on pour acquérir cette science ?*

R. On se sert d'une sphère , qui est une machine ronde et mobile qui est composée de plusieurs cercles représentant la figure de la terre et les cercles que l'on a imaginés dans le ciel.

LXXIIIe LEÇON.

DESCRIPTION DE LA SPHÈRE.

D. *Combien y a-t-il de cercles dans la sphère?*

R. La sphère a dix cercles, six grands et quatre petits. *Nommez les six grands cercles.*

Ce sont, l'équateur, l'horizon, le méridien, l'écliptique, qui est au milieu du zodiaque, et les deux colures, *Nommez les quatre petits cercles.*

Ce sont les deux tropiques et les deux cercles polaires.

D. *Qu'est-ce que l'équateur?*

R. C'est un grand cercle placé à une égale distance des pôles terrestres, et qui coupe la terre en deux parties égales, savoir : en hémisphère septentrional et en hémisphère méridional.

D. *Comment appelle-t-on encore l'équateur?*

R On l'appelle encore ligne équinoxiale, sans doute parce que quand le soleil semble décrire ce cercle, il y a équinoxe, c'est-à-dire égalité de jour et de nuit par toute la terre, excepté aux pôles. On l'appelle aussi quelquefois la Ligne.

D. *Qu'est-ce que l'axe de la terre?*

R. C'est une ligne imaginaire qui passe par son centre et sur laquelle on suppose que le globe tourne d'occident en orient. L'axe de la terre est de 2,864 lieues.

D. *Qu'est-ce que les pôles terrestres?*

R. Ce sont les deux extrémités de l'axe : l'une s'appelle pôle arctique ou septentrional, et l'autre pôle antarctique ou méridional.

D. *Combien distingue-t-on de latitudes?*

R. Deux, l'une septentrionale ; et l'autre méridionale. Les degrés de latitude se marquent, sur le globe, par des cercles parallèles à l'équateur. Les degrés de latitude se marquent sur le méridien. La division est de 10 degrés en 10 degrés. Les degrés de longitude se marquent sur l'équateur.

LXXIVe LEÇON.

DE L'HORIZON.

D. *Qu'est-ce que l'horizon?*

R. C'est un des grands cercles de la sphère qui la partage en deux hémisphères, l'un supérieur et éclairé, l'autre inférieur et dans l'ombre. Il sert à marquer le lever et le coucher des astres. On a marqué sur ce cercle les quatre points cardinaux et la direction des vents.

D. *Combien y a-t il d'espèces d'horizons ?*

R. Il y a deux espèces d'horizons, le rationel et le visuel : l'horizon rationel est celui qui est à égale distance des deux pôles ; et le visuel ou sensible, est le cercle qui borne notre vue, où le ciel et la terre semblent se rencontrer, lorsque l'on est dans une plaine ou sur une montagne. Cet horizon varie à mesure que l'on change de place.

D. *Comment nomme-t-on les pôles de l'horizon ?*

R. L'un, zénit, qui est au-dessus de nous ; l'autre, nadir : qui est au-dessous.

DU MÉRIDIEN.

D. *Qu'est-ce que le méridien ?*

R. C'est un des grands cercles de la sphère, il la coupe en deux parties égales, savoir, l'hémisphère oriental et l'hémisphère occidental. Il y a autant de méridiens que l'on conçoit de points sur l'équateur ; ils le coupent à angles droits, et vont tous se réunir aux pôles.

D. *A quoi servent les méridiens placés à l'est ou à l'ouest du premier méridien ?*

R. Ils servent à indiquer les endroits qui ont les heures plus tôt ou plus tard. On sait que la terre tourne en 24 heures, et que sa circonférence est divisée en 360 degrés : or, ces 360 degrés passent donc devant le soleil en 24 heures, et par conséquent 15 degrés en une heure. Il en résulte que de deux endroits éloignés de 15 degrés de longitude, celui à l'orient aura midi, et l'autre n'aura que 11 heures, et ainsi de suite. Quand il est midi à Paris, il est 1 heure à Vienne.

LXXVe LEÇON.

DE L'ÉCLIPTIQUE, ETC.

D. *Qu'est-ce que l'écliptique?*

R. C'est le cercle que le soleil semble parcourir pendant sa révolution annuelle On le nomme ainsi, parce que les éclipses de soleil se font dans son plan.

D. *Qu'est-ce que les tropiques?*

R. Ce sont deux petits cercles parallèles à l'équateur, qui en sont éloignés de 23 degrés 30 minutes; l'un se trouve dans l'hémisphère septentrional, et se nomme tropique du Cancer; l'autre dans l'hémisphère méridional, et se nomme tropique du Capricorne.

D. *Qu'est-ce que les cercles polaires?*

R. Ce sont deux petits cercles parallèles à l'équateur, qui sont éloignés des pôles de 23° 30'; l'un se nomme cercle polaire arctique, et se trouve dans l'hémisphère septentrional; l'autre cercle polaire antarctique, et se trouve dans l'hémisphère méridional.

D. *Qu'est-ce que les colures?*

R. Les deux colures sont deux grands cercles qui se coupent à angles droits aux pôles du monde; ces deux cercles ne sont pas représentés sur le globe terrestre.

D. *Qu'est-ce que le zodiaque ?*

R. C'est une large bande sur la zône torride qui se divise en douze parties qu'on appelle signes du zodiaque. Ce sont des groupes d'étoiles ou constellations qu'on représente, pour la plupart, sous les traits de divers animaux. Le soleil semble les parcouurir l'un après l'autre, en commençant par le Bélier. Les 3 signes du printemps sont, le Bélier, 21 mars; le Taureau, 21 avril; les Gémeaux, 21 mai. Les 3 de l'été sont, l'Ecrevisse, 21 juin; le Lion, 21 juillet; la Vierge, 21 août. Les 3 signes de l'automne sont, la Balance, 21 septembre; le Scorpion, 21 octobre; le Sagittaire, 21 novembre. Les 3 signes de l'hiver sont, le Capricorne, 21 décembre; le Verseau, 21 janvier; les Poissons, 21 février.

LXXVe LEÇON.

—

DU MONDE.

D. *Qu'est-ce que l'univers ?*

R. C'est l'assemblage de tous les corps que Dieu a créés, la terre, le ciel et les astres ou corps célestes.

D. *Qu'appelle-t-on systéme du monde*

R. Ce mot système veut dire supposition. C'est l'arrangement que les astronomes supposent aux corps célestes; celui de Copernic est le plus conforme aux observations, il est généralement adopté aujourd'hui.

D. *En quoi consiste le systéme de Copernic ?*

R. Copernic place le soleil au centre du monde, tournant sur son axe en vingt-cinq jours et douze heures, et fait tourner la terre et les autres planètes autour de cet astre, d'occident en orient.

D *En quoi consiste le systéme de Ptolémée ?*

R. Ptolémée place la terre au centre du monde, faisant mouvoir autour d'elle le soleil et tous les autres astres, en vingt-quatre heures.

D. *Qu'est-ce que les astres ?*

R. Ce sont des corps lumineux qui nous paraissent suspendus dans la voûte céleste; on les divise en astres fixes et errans, lumineux par eux-mêmes, ou opaques.

D. *Qu'est-ce que les étoiles fixes ?*

R. Ce sont des corps lumineux par eux-mêmes; on les appelle fixes parce qu'ils conservent toujours une même distance entre eux, ainsi qu'à l'égard de la terre.

D. *A quoi connaît-on les étoiles fixes ?*

R. On les reconnait à leur lumière scintillante et qui change souvent de couleur; on les divise en plusieurs constellations ou amas d'étoiles.

D. *Qu'est-ce que les astres opaques ?*

R. Ce sont ceux qui ne réfléchissent qu'une lumière empruntée; on les distingue à leur lumière tranquille et uniforme, telles sont la lune et les autres planètes.

LXXVIIe LEÇON.

—

ÉTOILES POLAIRES.

D. Combien y a-t-il de pôles ?

R. Il y en a deux, le pôle arctique et le pôle antarctique. Il y a également deux étoiles polaires, car il n'y a qu'à observer le cours des astres du côte du nord, on s'aperçoit qu'une étoile reste presque immobile dans un point du ciel, au lieu que toutes les autres décrivent autour de celle-ci des cercles plus ou moins grands, selon qu'elles en sont plus ou moins éloignées. La même observation a été faite dans la partie du sud, et on y a découvert le même phénomène ; et ces deux points indiqués par ces deux étoiles fixes, furent nommés pôles. La ligne tirée diamétralement d'un pôle à l'autre, se nomme l'axe du monde.

D. Combien y a-t-il de zônes ?

R. Il y en a cinq, la zône torride, renfermée entre les deux tropiques ; les deux zônes tempérées sont entre les deux tropiques et le cercle polaire ; et les deux zônes glaciales entre les cercles polaires et les pôles.

DES PLANÈTES.

D. Qu'est-ce que les planètes ?

R. Ce sont des corps opaques qui ne brillent que par la lumière qu'ils reçoivent du soleil ; on en compte onze, qui sont : Mercure, Vénus, la Terre, Mars, Jupiter, Saturne, Uranus ou Herschel, Cérès, Pallas, Junon et Vesta. Les quatre dernières n'ont été découvertes que depuis 1801, avec le secours de télescopes.

L'orbite d'une planète est la ligne courbe qu'elle décrit dans sa révolution autour du soleil.

Les astres errans, ou planètes du nombre desquelles sont les comètes, sont des corps qui changent de place, par rapport aux étoiles fixes, et qui se rapprochent entre eux.

LXXVIIIe LEÇON.

RÉVOLUTION DES PLANÈTES.

Elles l'opèrent toutes dans des temps inégaux. Mercure, qui est le plus près du Soleil, achève sa révolution en trois mois; il est presque toujours perdu et abîmé dans les rayons du Soleil dont il est distant de 13 millions de lieues, et tourne sur lui-même en quatre heures. Vénus, en sept mois et demi, c'est la plus brillante des étoiles : elle est vulgairement appelée l'étoile du Berger : elle est à 25 millions de lieues du Soleil. La Terre en 365 jours, 5 heures 48 minutes; c'est notre année : sa rotation se fait en vingt-quatre heures. La Terre a un satellite qui tourne autour d'elle en 27 jours 7 heures 43 minutes; ce satellite est la Lune. Mars décrit son orbite autour du Soleil en un an et 321 jours, il tourne sur son axe en 24 heures 30 minutes; il est à 55 millions de lieues du Soleil. Cérès et Pallas, en 4 ans 7 mois 10 jours, celle-là est éloignée du Soleil de 95 millions de lieues, et celle-ci de 95 millions 500 mille lieues. Junon, en 4 ans et 4 mois, sa distance du soleil est à peu près la même que celle de Céres et Pallas. Jupiter tourne autour du Soleil en 11 ans et quelques jours, c'est la plus belle des planètes ; il se fait remarquer, dans le ciel, par sa lumière brillante et sa grosseur; la vitesse de sa rotation sur lui-même est telle, qu'il n'y emploie que 9 heures et 56 minutes, quoiqu'il soit 1,250 fois plus gros que la Terre : il est éloigné du Soleil de 180,532 lieues, il a quatre satellites qui tournent autour de lui. Saturne décrit son orbite en 29 ans et 5 mois, et sur son axe en 10 heures 30 minutes. Il est 995 fois plus gros que la Terre ; sa distance du soleil est 329 millions de lieues. Uranus ou Herschel met 84 ans à décrire son orbite autour du soleil ; elle est 80 fois plus grosse que la Terre sa distance du Soleil est 660 millions de lieues.

On appelle apogée, le point où une planète est à sa plus grande distance de la Terre ; et périgée, l'endroit du ciel où elle se trouve le plus près de la terre

LXXIXe LEÇON.

—

DU SOLEIL ET DE LA TERRE.

DU SOLEIL.

D. *Qu'est-ce que le soleil?*

R. Le soleil est un corps sphérique et lumineux par lui-même, c'est l'astre qui éclaire le monde et qui forme le jour et la nuit. Il est placé au centre du monde et du système planétaire; il est pour nous la source de la chaleur.

D. *Quelle est la grosseur du soleil?*

R. Il est un million de fois plus gros que la terre, et il en est éloigné de 35 millions de lieues : ainsi un boulet de canon qui parcourt 400 toises par seconde, emploierait six ans et demi pour arriver au soleil, en supposant qu'il irait toujours avec la même vitesse.

D. *Est ce que le soleil est fixe?*

R. Oui, quoiqu'il paraisse faire le tour du globe terrestre dont le mouvement réel est la seule cause de cette apparence.

Il tourne sur son axe, en 25 jours 14 heures 8 minutes. Les taches qui paraissent de temps en temps sur son disque, ont fait découvrir ce mouvement de rotation sur lui-même.

D. *Quelle est la longueur du diamètre du Soleil?*

R. Son diamètre est d'environ 315,600 lieues; mais on ne devrait l'évaluer qu'à-peu-près, en ce qu'il paraît plus ou moins grand, selon que la terre est plus ou moins éloignée de cet astre.

D. *Qu'entendez-vous par lever et coucher du Soleil?*

R. L'horison servant à marquer le lever et le coucher des astres, on dit que le Soleil se lève, lorsqu'il parvient à l'horison et que nous commençons à l'apercevoir; on dit aussi qu'il se couche, lorsqu'il descend au-dessous de l'horison et que nous le perdons de vue.

DE LA TERRE.

D. Quelle est la grandeur de la terre ?

R. Le diamètre de la terre est d'environ 3,000 lieues, et sa circonférence de 9,000.

D. Quelle est la forme de la terre ?

R. La forme de la terre est sphérique, un peu aplatie vers les pôles.

D. Comment sait-on que la terre est sphérique ?

R. Si la terre était plate, le lever et le coucher du soleil arriveraient à la même heure pour tous les peuples, et ils verraient la même éclipse en même temps, ce qui est contraire aux observations. Plus on voyage vers le nord, plus l'étoile polaire paraît s'élever, preuve de l'inclinaison de la surface du globe. Étant sur mer, la première chose que l'on découvre soit d'un vaisseau, soit d'une montagne, c'est le point le plus élevé; ce point s'élève à mesure que l'on s'approche ; or, si la terre était plane, ces objets se seraient présentés tout d'un coup à nos regards : preuve bien convaincante de la convexité de la terre.

LXXXe LEÇON.

—

CONTINUATION DE LA TERRE.

D. *Les montagnes ne sont-elles point un obstacle à la rondeur de la terre?*

R. Nullement; car en donnant à la plus haute montagne 20 mille pieds au-dessus du niveau de la mer, somme égale à environ deux lieues de hauteur, le diamètre de la terre étant de 3,000 lieues, il s'en suit que cette montagne ne serait pas plus sensible sur le globe terrestre, que ne le serait une élévation d'une ligne et demie sur un globe de 11 pieds de diamètre.

D. *Combien la terre a-t-elle de mouvemens?*

R. La terre a deux mouvemens principaux, l'un diurne. et l'autre annuel.

D. *Qu'est-ce que le mouvement diurne de la terre?*

R. C'est sa rotation sur son axe ou sur elle-même, en l'espace de vingt-quatre heures. La terre tourne d'occident en orient, et sa face, qui est tournée vers le soleil, en reçoit la lumière et nous produit le jour; le côté opposé se trouve dans l'obscurité, et produit la nuit.

D. *Pourquoi n'apercevons-nous pas les mouvemens de la terre?*

R. C'est que l'atmosphère tourne avec elle. L'atmosphère est cette masse d'air qui entoure la terre, ainsi que tous les fluides qui sont autour du globe.

D. *Qui est-ce qui empêche de tomber les différens corps qui sont à la surface de la terre?*

R. Quoique la terre tourne sur son axe, ils ne tombent point, parce qu'ils sont retenus par la force de l'attraction, qui agit sur les corps comme l'aimant sur le fer.

D. *Qu'est-ce que le mouvement annuel de la terre?*

R. C'est le mouvement qu'elle fait pour parcourir son orbite autour du soleil. Son orbite s'appelle écliptique.

elle parcourt en 365 jours 5 heures 48 minutes : c'est notre année.

Expliquez ce double mouvement de la terre.

Tandis que la terre tourne sur son axe, par son mouvement diurne, elle s'avance peu à peu, selon l'ordre du zodiaque, en s'inclinant sur son axe d'un degré chaque jour, jusqu'à ce qu'elle arrive à la fin de son orbite.

LXXXIe LEÇON.

—

INÉGALITÉ DES JOURS, DES NUITS ET DES SAISONS.

D. *D'où provient l'inégalité des jours et des nuits, et le changement des saisons?*

R. Cette inégalité provient de ce que l'axe de la terre est incliné de 23° ½, sur le plan de l'écliptique ; au lieu que si l'axe était perpendiculaire au plan de l'écliptique, le globe ne recevrait perpendiculairement les rayons du soleil que sous l'équateur, et il n'y aurait qu'une seule saison dans toute l'année.

D. *Quels sont les peuples qui ont égalité de jours, toute l'année?*

R. Ceux qui sont sous la ligne : ils ont la sphère droite, et ils voient successivement toutes les étoiles. Leur horison s'étend jusqu'aux deux étoiles polaires.

D. *Quels sont les peuples qui ont des jours inégaux ?*

R. Ceux qui sont entre l'équateur et les pôles ; ils ont la sphère oblique. Quand ceux au nord ont les jours les plus longs , ceux du midi ou du pôle antarctique ont les plus courts ; il en est de même des saisons.

D. *L'inégalité des jours est-elle la même pour tous les peuples qui ont la sphère oblique ?*

R. Cette inégalité est plus ou moins grande , selon que ces peuples sont près de l'équateur ou près des pôles.

D. *A quelle époque de l'année les jours sont-ils égaux aux nuits ?*

R. Les premiers jours du printemps, le 21 mars et le premier jour d'automne , le 21 septembre.

D. *A quelle époque arrivent les plus longs jours ?*

R. Au solstice d'été, et les plus courts au solstice d'hiver. Le mot solstice vient de deux mots latins , *sol* , soleil, et *stare*, s'arrêter, parce que le soleil étant près des tropiques, paraît s'y arrêter quelques jours.

Le Soleil ne s'éloigne jamais de l'équateur de plus de 23 degrés et demi, soit en montant vers le pôle arctique, soit en descendant vers le pôle antarctique. Lorsqu'il est parvenu à cette distance il semble s'arrêter, et ne se rapproche sensiblement de l'équateur qu'au bout de quelques jours.

On compte deux solstices; l'un le 21 juin, c'est le solstice d'été; l'autre le 21 décembre, c'est le solstice d'hiver.

D. *Quels sont les peuples qui ont la sphère parallèle?*

R. Ceux qui sont sous les pôles, parce que leur horison est parallèle à l'équateur. Ces peuples, s'il y en a, n'ont qu'un seul jour et une seule nuit, l'un et l'autre de six mois, ils ne voient jamais que la moitié du ciel, celle qui est au-dessus de leur horison.

LXXXIIe LEÇON.

DES CLIMATS.

D. *Qu'est-ce qu'on entend par climat?*

R. C'est une étendue de pays renfermée entre deux cercles parallèles, et les habitans ont des jours plus longs ou plus courts.

D. *Combien y a-t-il de climats?*

R. Il y en a 24 septentrionaux et 24 méridionaux dont les jours augmentent d'une demi heure à mesure qu'ils se rapprochent des pôles, jusqu'aux cercles polaires; et il y a six climats de mois depuis le cercle polaire jusqu'au pôle arctique et antarctique.

Les jours les plus longs sous l'équateur, sont de 12 h.

Depuis l'équateur jusqu'au 8°, 12 heures 1/2. Les principaux pays compris dans ce climat, sont :

La Côte-d'Or (Afrique), côte des Dents, Malaca, l'île de Ceylan, Cayenne et Surinan.

Du 8° au 23, 13 heures et demi; l'Abyssinie, Siam, Pondichéri et Panama.

Du 23 au 50, 14 heures; le Caire, îles Canaries, la Floride, Lassa.

Du 50 au 40, 15 h.; Gibraltar, Tunis, Alger, Jérusalem, Ispahan et Nankin.

Du 40 au 45, 15 h. 1/2; Madrid, Lisbonne, Rome, Pekin et Philadelphie.

Du 45 au 50, 16 h.; Paris, Lyon, Vienne, Terre-Neuve, Québec.

Du 50 au 54, 17 h.; Lille, Bruxelle, Cracovie, Dublin et le Labrador.

Du 54 au 59, 18 h.; Edimbourg, Copenhague, Moskow, Tobolsk.

Du 59 au 60, 19 h.; Stokholm, Saint-Pétersbourg, et Bergen.

Du 60 au 64, 20 h.; Abo, Wiborg et Dronthein.

Du 64 au 65, 21 h.; Archangel et le mont Ecla.

Du 65 au 66 , 30 minutes, 22 , 23 et 24 heures ; ils
ne renferment pas de pays remarquables.
Dv 66 au 67 , les jours les plus longs sont d'un mois,
au sud de la Laponie.
Du 67 au 69 , de deux mois.
Du 69 au 75 , de 3 mois ; la Nouvelle Zemble.
Du 75 au 78 , de 4 mois ; à la baie de Baffin.
Dn 78 au 84 , de 5 mois ; le Spitzberg.
Du 84 au 90 , de 6 mois ; sous les pôles, qui sont des
lieux inconnus.

Plus on approche des pôles, plus l'étendue de pays
entre chaque climat est rapprochée.

LXXXIIIe LEÇON

—

DE LA LUNE ET DES ÉCLIPSES.

D. *Qu'est-ce que la lune ?*

R. C'est un corps opaque qui se meut autour de la terre dont elle est le satellite , elle reçoit sa lumière du soleil , et nous la renvoie pour éclairer nos nuits.

D. *Quelle est la grosseur de la lune ?*

R. Elle est environ cinquante fois plus petite que la terre ; sa distance de la terre est de 85,802 lieues, et son diamètre de 782 lieues. Elle parcourt environ 14 lieues par minute , ainsi son mouvement est bien moins rapide que celui de la terre.

La lune a deux mouvemens , l'un autour de la terre , appelé périodique , qui s'opère en 27 jours , 7 heures , 41 minutes , 11 secondes. Elle met le même temps à tourner sur son axe qu'à tourner autour de la terre ; mais elle tourne autour du soleil en 354 jours, ce qui forme l'année lunaire.

D. *Qu'est-ce qu'on entend par phases de la lune ?*

R. On entend les divers changemens de figures sous lesquelles cette planète se montre en tournant autour du soleil. Il y en a quatre , savoir : la Nouvelle-Lune , c'est lorsque la lune est entre la terre et le soleil. Le premier Quartier , c'est lorsqu'elle a parcouru le quart de son orbite , nous la voyons comme un demi cercle , la partie éclairée. La Pleine-Lune ou opposition , c'est quand nous voyons la partie éclairée. Le dernier quartier , c'est quand la partie éclairée redevient un demi cercle , mais dans un sens opposé au premier Quartier. Toutes ces phases de la lune s'opèrent de 7 jours en 7 jours.

On appelle éclipse de soleil ou de lune , la disparition momentanée de l'un de ces astres , par l'interposition d'un autre : Il y a éclipse de soleil, lorsque la lune passe entre la terre et cet astre ; et éclipse de lune , quand la terre se trouve entre le soleil et la lune.

LXXXIVe LEÇON.

LONGITUDES ET LATITUDES.

D. *Qu'est-ce que la longitude ?*

R. C'est la distance d'un méridien quelconque au premier méridien. On la mesure sur l'équateur; on distingue la longitude orientale et la longitude occidentale, chacune de 180 degrés.

D. *De quel méridien se sert-on pour compter la longitude ?*

R. Louis XIII, par une ordonnance, le fit placer à l'Ile-de-Fer; mais aujourd'hui les astronomes le font passer par l'Observatoire de Paris, à 20 degrés de celui de l'Ile-de-Fer.

D. *Les degrés de longitude sont-ils partout de même étendue?*

R. Sous l'équateur, ils sont de 25 lieues; mais à mesure que l'on s'approche des pôles, ils vont en décroissant jusqu'à zéro.

Variation des degrés de longitude.

Sous l'équateur, 25 lieues environ; le 10e, 24 lieues; le 20e, 23 lieues; le 30e, 21 lieues et demie; le 40e, 19 lieues; le 50e, 16 lieues; le 60e, 12 lieues; le 70e, 8 lieues; le 80e, 4 lieues et demie; le 90e, 0.

D. *Qu'est-ce que la latitude?*

R. C'est la distance d'un lieu quelconque à l'équateur, c'est aussi la mesure de l'élévation du pôle du lieu où l'on est. On distingue la latitude septentrionale et la latitude méridionale.

D. *Où sont marqués les degrés de longitude et de latitude ?*

R. La longitude se marque en haut et en bas de la carte ; et la latitude, à droite et à gauche.

D. *Qu'est-ce que les antœciens ?*

R. Ce sont des peuples placés sous la même latitude

opposée et égale, c'est-à-dire que si les uns sont placés sous le 50e degrés de latitude nord, l'autre est sous le 50e degré de latitude sud. Ils ont les mêmes heures, mais ils ont des saisons opposées. Les périœciens ont les mêmes saisons, le même pôle, mais leurs heures sont opposées. L'un est dans l'hémisphère oriental, et l'autre dans l'hémisphère occidental.

On nomme antipodes, les peuples qui se trouvent sur des méridiens ou sur des parallèles opposées : tels sont les habitans de la Chine et ceux du Paraguay. C'est donc à dire que si les uns sont sur le quarantième degré de latitude au nord, les autres sont sur le quarantième degré de latitude au sud ; et si les uns sont dans l'hémisphère oriental, les autres sont dans l'hémisphère occidental.

A.

Agen,	Lot-et-Gar.,	170
Abbeville,	Somme,	40
Aigre,	Charente,	105
Aire,	Pas-de-Calais,	58
Aix,	B.-du-Rhône,	200
Ajaccio,	Corse,	290
Alais,	Gard,	168
Alby,	Tarn,	168
Alençon,	Orne,	47
Amboise,	Indre-et-L.,	55
Amiens,	Somme,	30
Andelys (Les),	Eure,	34
Angers,	Maine-et-L.,	70
Angoulème,	Charente,	100
Annonay,	Ardèche,	140
Apt,	Vaucluse,	180
Arbois,	Jura,	100
Arcis-sur-Aube,	Aube,	40
Argent,	Cher,	40
Argentan,	Orne,	50

Argenton,	Indre,	70
Arles,	B.-du-Rhône,	188
Arpajon,	Seine-et-Oise,	9
Arras,	Pas-de-Calais,	48
Artenay,	Loiret,	25
Aubenas,	Ardèche,	156
Aubusson,	Creuse,	115
Auche,	Gers,	191
Auray,	Morbihan,	130
Aurillac,	Cantal,	137
Autun,	Saône-et-L.,	77
Auxerre,	Yonne,	43
Auxonne,	Côte-d'Or,	88
Avallon,	Yonne,	56
Avesnes,	Nord,	54
Avignon;	Vaucluse,	180
Avranches,	Manche,	87

B.

Bapaume,	P.-de-Cal.,	42
Barbezieux,	Charente,	125

E.

Epernay , Marne , 33
Epinal , Vosges , 98
Etampes, Seine-et-Oise, 12
Evreux , Eure , 27

F.

Falaise , Calvados , 64
Figeac , Lot , 193
Flèche (La) , Sarthe , 64
Foix , Arriège , 193
Fontainebleau, S-et-M , 12
Fréjus , Var , 234
Fronton, H^{te}-Gar^{ne} , 178

G.

Gap , Hautes-Alpes , 171
Gien , Loiret , 36
Givet , Ardennes , 71
Grasse , Var , 233
Gray , Haute-Saône , 82
Grenoble , Isère , 146
Guéret , Creuse , 110

H.

Ham , Somme , 32
Hâvre (Le) , Seine-Inf. , 55
Honfleur , Calvados , 57
Hussingue , H.-Rhin , 133

I.

Issingeaux , H.-Loire , 151
Issoire, Puy-de Dôme , 106
Issoudun , Indre , 60

J.

Joinville , H^{te}-Marne , 60
Joigny , Yonne , 37

L.

Langres , H^{te}-Marne , 71
Laon , Aisne , 33
Laval , Mayenne , 72
Lavaur , Tarn , 178
Libourne , Gironde , 140
Lille , Nord , 60
Limoges , H^{te}-Vienne , 97
Lisieux , Calvados , 55
Loches, Indre-et-Loire, 63
Lodève , Hérault , 187
Lons-le-Saulnier, Jura, 105
Lorient , Morbihan , 125
Louviers , Eure , 29
Luçon , Vendée , 115
Lunel , Hérault , 192
Lunéville , Meurthe , 93
Lyon , Rhône , 100

M.

Mâcon , Saône-et-L. , 102
Mans (Le) , Sarthe , 54
Marseille, B.-du-Rhô.,208
Maubeuge , Nord , 39
Mayenne , Mayenne , 67
Meaux, Seine-et-Marne, 11
Melun , *idem* , 22
Metz , Moselle , 79
Mézières , Ardennes , 59
Montargis , Loiret , 50
Montereau, S.-et-Marne, 21
Monpellier , Hérault , 193

Trevoux,	Ain,	114
Troyes,	Aube,	40
Tulles,	Corrèze,	120

U.

Uzès,	Gard,	176

V.

Valence,	Drôme,	144
Valenciennes,	Nord,	56
Valognes,	Manche,	93
Vannes,	Morbihan,	128
Vendôme,	Loir-et-Cher,	43

Verdun,	Meuse,	70
Verneuil,	Eure,	52
Versailles,	Seine-et-Ois,	4
Vezoul,	Haute-Saône,	91
Vienne,	Isère,	125
Villefranche,	Rhône,	110
Vire,	Calvados,	78
Vitry-le-Franç,	Marne,	44
Viviers,	Ardèche,	165
Vigan,	Gard,	159
Vouziers,	Ardennes,	58

Y.

Yvetot,	Seine-Infér.,	43

A.

Alger, Barbarie, 346
Agra, Indoustan, 1758
Alexandrie, Egypte, 845
Açores (les iles), Océan-
   Atlantique, 550
Alep, Syrie, 780
Alexandrette, Syrie, 850
Alexandrie, Italie, 220
Alicante, Espagne, 544
Amiens, France, 30
Amsterdam, Hollande, 122
Altona, Danemark, 220
Ancône, Etats de l'Eg., 257
Angers, France, 70
Andrinople, Turquie
   d'Europe, 600
Angoulême, France, 100
Anvers, Pays-Bas, 75
Arras, France, 45

Annecy, Sardaigne, 130
Archangel, Russie, 650
Arequipa, Perrou, 2400
Astracan, Russie, 900
Augsbourg, Bavière, 189
Avignon, France, 180
Assomption, Parag., 2200

B.

Bâle, Suisse, 120
Badajoz, Espagne, 585
Batavia, ile de Sumat., 4000
Barcelone, Espagne, 254
Bayonne, France, 204
Berghen, Norwége, 540
Baltimor, Etats-Unis, 1300
Berlin, Prusse, 210
Berne, Suisse, 140
Besançon, France, 100
Bologne, Etats du Pape, 260

Bilbao, Espagne, 265
Bombay, Indoustan, 1600
Bonne-Espérance [le cap de], 2256
Bordeaux, France, 148
Boston, Etats-Unis, 1200
Bruges, Pays-Bas, 100
Brême, Allemagne, 180
Bruxelles, Pays-Bas, 80
Bude, Hongrie, 542
Burgos, Espagne, 275
Buénos-Ayres, Parag, 2210

C.

Caen, France, 67
Caire [le], Egypte, 808
Cadix, Espagne, 412
Cagliari [île], Sardai., 548
Calcuta, Indoustan, 1920
Calais, France, 70
Cantorbéry, Angleterre, 80
Candahar, Caboul, 1415
Canton, Chine, 2500
Carthagène, Espagne, 565
Catane, Naples, 820
Cayenne, Amérique, 1560
Chambéry, Sardaigne, 145
Chandernagor, Indoustan, 1945
Clermont-Ferrant, Fr., 93
Clèves, Prusse, 138
Coblentz, Prusse, 116
Cologne, Prusse, 120
Colmar, Alsace, 116
Constantinople, Turq., 650
Copenhague, Danem., 270
Cordou, Espagne, 580
Cracovie, Pologne, 340

D.

Dantzick, Prusse, 575
Damas, Syrie, 850
Diarbekir; Syrie, 830
Damiette, Egypte, 750
Dijon, France, 75
Douvres, Angleterre, 78
Dresde, Saxe, 260
Dublin, Irlande, 224
Dunkerque, France, 75
Dusseldorf, Prusse, 125

E.

Edimbourg, Ecosse, 220
Erivan, Arménie,
Erseroum, T. d'Asie,
Frybourg, Suisse, 140
Florence, Toscane, 512
Francfort, Allemagne, 140
Ferrare, Etats de l'E., 258

G.

Genève, Savoie, 150
Gênes, Sardaigne, 280
Gand, Pays-Bas, 80
Gibraltar, Espagne, 445
Grenade, Espagne, 400
Grenoble, France, 115
Guadeloupe, Antilles, 1600
Goa, Indoustan, 5865
Glocester, Angleterre,
Gotembourg, Suède, 250

H.

Hanovre, 180

Hermanstad, Autriche, 420
Haye [la], Hollande, 100
Hélène [Sainte-], dans
    l'Océan Atlantique, 2000
Horn [le cap], Terre
    de Feu, 2660

I.

Ile Bourbon, Oc. Ind., 5000
Ispahan, Perse, 1100
Ivica, Méditerranée, 250

J.

Jamaïque [la], île d'A-
    mérique, 1570
Jédo, Japon, 5500
Jérusalem, Syrie, 800
Juthia, cap du royaume
    de Siam, 2150

K.

Kintaïéh, Anatolie, 600
Kœnigsberg, Prusse, 515
Késho, Tonkin, 2450

L.

Laval, France, 61
Lausane, Suisse, 150
Leipsik, Saxe, 234
Lille, France, 60
Liége, Pays-Bas, 104
Lima, Pérou, 2415
Limoges, France, 97
Lisbonne, Portugal, 450
Livourne, Toscane, 515

Liverpool, Angl., 128
Loanda, Afrique, 1875
Londres, Angleterre, 105
Louvin, Pays-Bas, 80
Lubeck, Allemagne, 210
Lucques, Italie, 320
Lucerne, Suisse, 140
Lucie [Ste], Antilles, 1500
Luxembourg, Prusse, 94
Lyon, France, 100

M.

Madras, Indoustan, 1800
Madrid, Espagne, 320
Malte [île], Méditer., 445
Maestricht, Pays-Bas, 112
Magdebourg, Prusse, 210
Malaga, Espagne, 410
Malaca, Inde, 2400
Mantoue, Italie, 250
Malines, Pays-Bas, 80
Maroc, Afrique, 725
Marseille, France, 208
Martinique, Antilles, 1510
Médine, Arabie, 910
Messine, Sicile, 500
Mecque [la], Arabie, 940
Mayence, Allemagne, 140
Moka, Arabie, 1040
Metz, France, 78
Méaco, Japon, 5200
Mérida, Espagne, 565
Mexico, Amérique, 2191
Milan, Italie, 214
Mons, Pays-Bas, 58
Monpelier, France, 186
Moskou, Russie, 600
Munich, Bavière, 205

Munster,	Prusse,	150	Pise,	Italie,	327
Misistra,	Morée,	600	Plaisance,	Italie,	243
Mosambique, Afrique,			Pondichéry,	Asie,	1850
			Porto,	Portugal,	552
			Prague,	Autriche,	
N.			Pressbourg,	Autriche,	295
Namur,	Pays-Bas,	60	**Q.**		
Nancy,	France,	85			
Nangasaki,	Japon,				
Nankin,	Chine,		Quebec,	Etats-Unis	1500
Nantes,	France,	100	Quito,	Amér. Mérid.,	
Naples [royaume de],		584			
New-Yorck,		1250	**R.**		
Neuchatel,	Suisse,	174			
Nice,	Sardaigne,	245	Ratisbonne,	Bavière,	210
Nimes,	France,	175	Ravenne,	Etats de l'E,	
Nuremberg,	Allemag,	180	Revel,	Russie,	
			Riga,	Russie,	414
O.			Rio-Janéïra,	Brésil,	1850
			Rome,	Italie,	527
Orléans,	France,	30	Roterdam,	Hollande,	100
Olmütz,	Autriche,	510	Rouen,	France,	50
Osnabruck,	Hanovre,	260			
Ostende,	Pays-Bas,	74	**S.**		
Oxfort,	Angleterre,	120			
Odensée,	Danemark,	232	Salamanque,	Espagne,	565
			St-Jean-Dacre,	Syrie,	790
P.			St-Pétersbourg,	Rus.,	546
			Saragosse,	Espagne,	240
Padoue, Lombardie V,		572	Ségovie,	Espagne,	314
Pampelune,	Espagne,	233	Savonne,	Sardaigne,	220
Palerme,	Sicile,	480	Séville,	Espagne,	500
Panama,	Amérique,		Siam,	Inde,	1972
Parme,	Italie,	220	Sienne,	Italie,	540
Pavie,	Italie,	210	Sophie,	Turquie d'E.,	535
Pékin,	Chine,	2450	Smirne,	*idem*,	695
Perpignan,	France,	224	Spire,	Allemagne,	155
Philadelphie,	E.-U.,	1250	Stokholm,	Suède,	401
Pest,	Autriche,	540	Strasbourg,	France,	120

Stuttgard , Wurtemb. , 146
Suze , Sardaigne , 180
Syracuse , Sicile , 360

T.

Terre de Feu , 3660
Terre-Neuve , 900
Tarragone , Espagne , 275
Tobolsk , Sibérie , 1015
Toulon , France , 215
Tolède , Espagne , 347
Toulouse , France , 175
Tournay , Pays-Bas , 60
Trente , Tyrol , 250
Trévis, Lomb Véniti. , 252
Trieste , Autriche , 300
Tripoli , Barbarie , 480
Turin , Sardaigne , 196
Tunis , Barbarie , 390

U.

Uméa , Laponie ,
Cmérapoura , Indoustan ,
Upsal , Suède , 400
Utaech , Pays-Bas , 112

V.

Valencienne , France , 56

Valence , Espagne , 318
Vasovie , Pologne , 377
Véra-Cruz , Méxique , 2193
Venise , Lombardie , 245
Vicence , *idem* , 260
Véronne , *idem* , 240
Vienne , Autriche , 306

W.

Wasington , E.-Unis , 1300
Wurtemberg , Allem. , 224
Wibourg , Russie , 540
Wiborg , Danemark , 240

X.

Xahéa , Espagne , 359
Xerès , Espagne , 415

Y.

Yorck , Angleterre , 162
Ypres , Pays-Bas , 68

Z.

Zultepec , Méxique , 2214
Zurich , Suisse , 160
Zwenitz , Saxe , 278
Zywick , Gallicie , 355

QUESTIONS

SUR LE GLOBE EN GÉNÉRAL.

[1] D. *Qu'est-ce que la géographie ?*

[2] D. *En combien de parties se divise la géographie?*

[3] *Qu'est-ce que la géographie mathématique ?*

R. C'est la partie de la géographie qui ne considère le globe que relativement aux différentes situations où il se trouve à l'égard du soleil, et la distance de tous les lieux de la terre, relativement à des points connus.

[4] D. *Quelle est la première chose à considérer dans une carte ?*

R. Ce sont les quatre points cardinaux, qui sont : le Nord ou Septentrion, qui est toujours en haut ; le Sud ou Midi, qui est toujours en bas ; l'Est ou Orient, qui est toujours à droite ; et l'Ouest ou Occident, qui est toujours à gauche.

[5] D. *Combien y a-t-il de pôles ? et dites leur nom.*

[6] D. *Combien le globe a-t-il de degrés de circonférence ?*

[7] *Combien y a-t-il de degrés de latitude méridionale ?*

[8] D. *Combien y a-t-il de degrés de latitude septentrionale ?*

[9] D. *Qu'est-ce que la latitude ?*

[10] D. *Qu'est-ce que la longitude ?*

[11] D. *Combien y a-t-il de cercles polaires? et dites leur nom.*

[12] D. *Combien y a-t-il de tropiques, et où se trouvent-ils ?*

[13] *Qu'est-ce que l'équateur?*

[14] D. *Qu'est-ce que l'écliptique ?*

[15] D *Qu'est-ce que l'axe du monde?*

[16] D. *Quelle est la longueur de l'axe de la terre ?*

[17] D. *Quelle est la longueur du diamètre de la terre ?*

[18] D. *Combien y a-t-il de zônes? et dites leur nom.*

[19] D. *Sous quels degrés de latitude se trouvent les zônes ?*

[20] D. *Combien y a-t-il d'hémisphères ?*

R. La ligne équinoxiale partage le globe en deux parties ou hémisphères, l'un septentrional et l'autre méridional ; le méridien le partage en deux hémisphères, l'un oriental, et l'autre occidental.

[21] D. *Où passe le méridien ?*

[22] D. *Quelles sont les lignes qui marquent la latitude ?*

[23] D. *Quelles sont celles qui marquent la longitude?*

[24] D. *Quels sont les termes que l'on emploie pour désigner la terre et les eaux ?*

[25] D. *Qu'est-ce qu'une contrée, une île, etc. ?*

[26] D. *En combien de parties se divise la terre ?*

[27] D. *Quelle est la population de l'Europe, de l'Asie, de l'Afrique, de l'Amérique et de l'Océanie?*

[28] D. *Qu'est-ce que l'Europe?*

[29] D. *Dites l'étendue de l'Europe.*

[30] D. *Quelles sont les bornes de l'Europe?*

[31] D. *Combien y a-t-il de royaumes en Europe?*

[32] D. *Combien y a-t-il de républiques ?*

[33] D. *Combien y a-t-il d'empires en Europe?*

[34] D *Nommez les principaux golfes, les principaux détroits, et les principales mers de l'Europe.*

[35] D. *Combien y a-t-il de fleuves en Europe ?*

R. Il y a quarante-deux fleuves principaux en Europe.

(111)

[36] D. *Où la Loire prend-elle sa source ?*

R. La Loire prend sa source au mont Gerbier-des-Joncs, dans le département de l'Ardèche; arrose Le Puy, Saint-Rambert où elle devient navigable, Roanne, Nevers, Gien, Orléans, Blois, Tours, Saumur, Nantes, Paimbœuf, et se jette dans l'Océan, après un cours de 200 lieues. Elle reçoit, à droite, la Nièvre et le Maine; et, sur la rive gauche, l'Allier, le Loiret, le Cher, l'Indre et la Vienne.

[57] D. *Où le Rhône prend-il sa source?*

R. Le Rhône prend sa source au mont Furca, en Suisse, passe près de Sion, traverse le lac de Genève; arrose Genève, Lyon, Condrieu, Vienne, Tournon, Valence, Montélimart, Pont-Saint-Esprit, Avignon, Beaucaire, Tarascon, et Arles, puis il se jette dans la Méditerranée par plusieurs embouchures, après un cours de 200 lieues. Il reçoit, dans son cours: la Saône, l'Isère, la Drôme et la Durance.

[38] D. *Où la Seine prend-elle sa source?*

R· La Seine prend sa source dans le département de la Côte-d'Or, près de Saint-Seine; elle arrose Châtillon, Bar-sur-Seine, Troyes, Nogent-sur-Seine, Montereau, Melun, Corbeil, Paris, Mantes, Rouen; et se jette dans l'Océan où elle a son embouchure entre le Hâvre et Honfleur, après un cours de 112 lieues. Elle reçoit l'Aube, la Marne, l'Yonne, l'Oise, le Loing et l'Eure.

[39] D. *Où la Garonne prend-elle sa source ?*

R. La Garonne prend sa source dans les Pyrénées, arrose Toulouse, Castel-Sarasin, Agen, Marmende, Bordeaux et le Bec-d'Ambez, où elle reçoit la Dordogne, prend le nom de Gironde jusqu'à son embouchure dans l'Océan.

[40] D. *Où le Rhin prend-il sa source ?*

R. Le Rhin prend sa source en Suisse, au mont Saint-Gothard, dans le canton des Grisons; arrose, dans un cours de 320 lieues, Coire; traverse le lac de Constance; sépare la France et la Suisse de l'Allemagne, et arrose Schaffhousse, Bâle, Huning, Strasbourg, Spire,

Mayence, Coblentz, Cologne, Dusseldorf; puis il se partage en quatre branches, le Vahas, l'Yssel, le Leck et le Rhin. Le Vahas et le Leck se jettent dans la Meuse; l'Yssel passe à Duventer, et se jette dans le Zuydersée; le Rhin passe à Utrecht, et se jette dans les sables de la Mer-du-Nord, près de Leyde.

[41] D. *Où la Meuse prend-elle sa source ?*

R. La Meuse prend sa source près de Langres, arrose Commercy, Verdun, Sedan, Mézières, Givet, Dinand, Namur, Liége, Maëstricht et Ruremonde, puis elle reçoit le Vahas et le Leck; passe à Dordrecht et Roterdam, et se jette dans la Mer-du-Nord.

[42] D. *Où la Tamise prend-elle sa source?*

R. La Tamise se forme des rivières de Tam et Dyse, passe à Oxfort, à Reading, Vindsor, Londres; et se jette dans la Mer-du-Nord, à Sherness.

[43] D. *Où la Vistule prend-elle sa source ?*

R. La Vistule prend sa source dans la Gallicie aux monts Crapacks; arrose Cracovie, Varsovie, Thorn et Mariembourg, et se jette dans la mer Baltique, entre Elbing et Dantzich.

[44] D. *Où le Tage prend-il sa source?*

R. Le Tage prend sa source dans la Nouvelle-Castille; arrose Tolède, Alcantara, Lisbonne, et se jette dans l'Océan au-dessous de cette ville.

[45] D. *Où le Tibre prend-il sa source?*

R. Le Tibre prend sa source dans les Appenins, en Toscane; arrose Rome, et se jette dans la Méditerranée à Ostie.

[46] D. *Où le Pô prend-il sa source ?*

R. Le Pô prend sa source près du mont Viso, dans les Alpes; arrose Carignana, Turin, Cassal, Plaisance, Crémone, Révéro, et se jette dans le golfe de Venise par plusieurs embouchures.

[47] D. *Où le Don prend-il sa source ?*

R. Le Don, autrefois appelé Tanaïs, prend sa source à Toula, en Russie; arrose Tcherkask, et se jette dans la mer d'Azof, à Azof.

[48] D. *Où le Danube prend-il sa source ?*

R. Le Danube prend sa source dans la Forêt-Noire, en Allemagne ; arrose Ulm, Ratisbonne, Vienne, Presbourg, Bude, Pest, Patervardein, Belgrade, Silstria, Ismaïl, et se jette dans la Mer-Noire par plusieurs embouchures.

[49] D. *Que faut-il faire pour trouver, sur le globe, la latitude et la longitude d'un lieu demandé ?*

[50] D. *Comment mesure-t-on, sur le globe, la distance de deux lieux donnés ?*

[51] D. *Comment élève-t-on le globe sur l'horison de Paris ?*

[52] D. *Que faut-il faire pour trouver, à une heure donnée, l'heure qu'il est dans un endroit quelconque ?*

TABLE.

*

TABLE.

TABLE.

FIN.

9 782329 752716